Veröffentlichungen der
DG BANK Deutsche Genossenschaftsbank
Band 11

Dr. Felix Viehoff

Zur mittelstandsbezogenen
Bankpolitik des Verbundes
der Genossenschaftsbanken

Teil I
Zum Begriff und
zur wirtschaftlichen Bedeutung
des Mittelstandes

Veröffentlichungen der
DG BANK Deutsche Genossenschaftsbank
Band 11

Dr. Felix Viehoff

Zum Begriff und zur wirtschaftlichen Bedeutung des Mittelstandes

unter Mitarbeit von
Diplom-Volkswirt Eckart Henningsen

 Fritz Knapp Verlag · Frankfurt am Main · 1978

Die vorliegende Arbeit richtet sich in erster Linie an den Leiter der Genossenschaftsbank. Sie soll übersichtlich und im notwendigen Umfang informieren. Da für den geschrieben wurde, der sich für die Praxis in den Problemen orientieren muß, war es unumgänglich, Problemstellungen zu vereinfachen.

Genossenschaftsbanken sind Selbsthilfeorganisationen des Mittelstandes. Von mittelständischen Mitgliedern werden sie getragen, auf den Mittelstand ist vorwiegend ihre Tätigkeit ausgerichtet. Aber leider besteht weitgehend Unklarheit darüber, was sich hinter der Bezeichnung ›Mittelstand‹ verbirgt. Dies ist ein unbefriedigender Zustand. Eine Verdeutlichung des Mittelstandsbegriffes dient nicht nur einem breiteren Verständnis, sondern auch der gezielten Ausrichtung genossenschaftlicher Banktätigkeit. Über den Mittelstand gilt es also, soweit wie möglich Klarheit zu schaffen.

Der Mittelstandsbegriff und eine Aussage über den Mittelstand in der Wirtschaft, das ist der erste zu untersuchende Problemkreis. Er wird in dem hier vorliegenden Band behandelt.

Aufgabe des Verbundes der Genossenschaftsbanken ist es, den Mittelstand zu fördern. Die Volksbanken und Raiffeisenbanken betreuen die mittelständische Wirtschaft. Das setzt voraus zu wissen, in welchem Umfang die mittelständische Wirtschaft von der kreditgenossenschaftlichen Organisation getragen und versorgt wird. Das gibt Aufschluß über den Standort genossenschaftlicher Bankarbeit und die grundlegenden Elemente des genossenschaftlichen Bankwesens.

Bankgeschäfte von Kreditgenossenschaften, die sich die Förderung des Mittelstandes zur Aufgabe gemacht haben, müssen besondere Akzente tragen. Sie verlangen eine Ausgestaltung auf den Mittelstand hin. Auch andere Bankengruppen bieten dem Mittelstand ihre Betreuung an. Deshalb geht es für Genossenschaftsbanken darum,

4

das Genossenschaftsspezifische klar herauszustellen. Man muß also zugleich Grundzüge genossenschaftlicher und mittelständischer Bankpolitik erkennen.

Die genossenschaftliche Bankpolitik, das ist der zweite Problemkreis, den es zu untersuchen gilt. Er wird in einem zweiten Band behandelt werden.

Schließlich verlangt genossenschaftliche Bankpolitik einen organisatorischen Rahmen. Er unterscheidet sich aufgrund der meist relativ geringen Größe und der rechtlichen Selbständigkeit genossenschaftlicher Kreditinstitute zwangsläufig von dem anderer Bankengruppen. Zu ihm müssen Hilfseinrichtungen für Liquiditätsausgleich und Dienstleistungen, die eine kleine Bank allein nicht erbringen kann, gehören. Von dem optimalen Miteinander dieses Verbundes hängt die Wirksamkeit des genossenschaftlichen Bankgeschäfts entscheidend ab.

Die kreditgenossenschaftliche Organisation, das ist der dritte Problemkreis, dem unsere Aufmerksamkeit gilt. Er wird Gegenstand eines dritten Bandes sein.

Sollten die Ausführungen über den unmittelbaren Zweck hinaus Anstoß zum Nachdenken über den Mittelstand, die Bankpolitik oder die Organisation der Kreditgenossenschaften sein, so wäre mehr erreicht, als der Verfasser zu erhoffen wagte.

Die Abfassung dieser Arbeit hat viel Vorarbeit gekostet. Die Volkswirtschaftliche Abteilung der DG BANK Deutsche Genossenschaftsbank war hieran maßgeblich beteiligt. Dafür danke ich den Herren Dr. Gunther Aschhoff, Volkswirt Dieter Heumann, Diplom-Volkswirt Manfred Münch, Dr. Karl-Eugen Schöninger und Frau Diplom-Kaufmann Kunigunde Jawitz-Endres.

Felix Viehoff

ISBN 3-7819-0193-9

Copyright 1978 by Fritz Knapp Verlag, Frankfurt am Main
Satz und Druck: Oehms Druck GmbH, Frankfurt am Main
Schrift: Linotype Aldus-Buchschrift
Bindearbeit: C. Fikentscher KG, Darmstadt
Papier: Daunendruck A 70 der Papierfabrik Scheufelen, Oberlenningen/Württ.

Inhaltsverzeichnis

1. Der Mittelstandsbegriff

1.1. Die Unklarheit des Begriffsinhaltes

Vom Mittelstand wird im Wirtschafts- und Gesellschaftsleben unseres Staates oft und viel gesprochen. Ihm werden wesentliche Funktionen zugeschrieben. Er trägt unsere Wirtschaftsordnung. Der Mittelstand ist sozialer Ausgleichsfaktor zwischen gesellschaftlichen Schichten. Mittelstandspolitik, mittelständische Wirtschaft, alter und neuer Mittelstand, Mittelstandskredit sind Ausdrücke, um nur einige zu nennen, die in den verschiedensten Zusammenhängen wiederkehren. Wir finden sie in Wirtschaft, Wissenschaft und Politik. Der genossenschaftliche Förderungsauftrag bezieht sich auf die Förderung, des Mittelstandes.

Wer aber ist der Mittelstand? Es herrscht verbreitete Unklarheit darüber, was sich hinter dem Wort ›Mittelstand‹ verbirgt. Dies ist ein unbefriedigender Zustand.

Die Genossenschaftsbanken bezeichnen sich als Banken des Mittelstandes; wir sprechen von Mittelstandsbanken. *Für sie ist der Mittelstand Fundament und Zielgruppe täglicher Arbeit.* Diese Arbeit ist, und zwar in all ihren Verästelungen, desto wirkungsvoller zu gestalten, je mehr Klarheit besteht über die begriffliche Fassung des Mittelstandes. Klarheit ist generell nötig, um bei dem vielfältigen Gebrauch des Wortes ›Mittelstand‹ zu wissen, was dahinter steht.

Der Mittelstand hat die Wirtschafts- und Sozialwissenschaften seit der Mitte des 19. Jahrhunderts wiederholt beschäftigt. Aufmerksamkeit erregte die These von KARL MARX, daß der Mittelstand künftig zwischen den Klassen der Kapitalisten und der Proletarier zerrieben werden würde. Von da an setzte man sich im Grunde erstmals kritisch mit dem Mittelstand auseinander und versuchte auch, ihn zu definieren. Diese Bemühungen schlugen sich in mittlerweile mehr als 200 Definitionen nieder — Beweise sowohl für die Schwierigkeit, den Mittelstand anhand einiger gemeinsamer Merkmale abzugrenzen, als auch für die Wandlungen des Begriffsinhaltes zu den verschiedenen Zeiten.

1.2. Der Mittelstand in den Zeitepochen

Wenn man sich bemüht, Klarheit darüber zu bekommen, was heute unter ›Mittelstand‹ zu verstehen ist, dann kann auf eine rückschauende Betrachtung, in welchen Erscheinungsformen der Mittelstand in der Vergangenheit aufgetreten ist, nicht verzichtet werden. Das schließt einen flüchtigen Blick auf die historische Entwicklung in Deutschland ein, denn unter dem Einfluß des gesellschaftlichen und wirtschaftlichen Wandels der vergangenen Jahrhunderte hat sich ja der Mittelstand als soziologische und ökonomische Größe nach und nach herausgebildet.

1.2.1. Bis zur Industriellen Revolution

Der Mittelstand erfuhr seine erste Ausprägung in vorindustrieller Zeit. Während dieser Epoche lebte die, wie Tabelle 1 zeigt, unter Schwankungen von 10 auf 33 Millionen anwachsende deutsche Bevölkerung zum überwiegenden Teil auf dem Lande und von der Landwirtschaft. Bis zum Beginn des Industriezeitalters in der ersten Hälfte des 19. Jahrhunderts betrug der bäuerliche Anteil an der Gesamtbevölkerung nie weniger als 80 %.[1] Das Land war ein Agrarstaat.

Hieran änderte auch die Städtegründungswelle des 12. bis 14. Jahrhunderts nichts. Die Zahl der städtischen Siedlungen stieg zwar von 50 auf 4000, aber die Städte der vorindustriellen Zeit hatten selten mehr als 5000 Einwohner. Selbst um das Jahr 1800, als Berlin 200 000 und Hamburg 100 000 Einwohner hatten, waren lediglich 20 % der Gesamtbevölkerung städtisch. Diese Bevölkerung in den Städten widmete sich, meist neben der Landwirtschaft, handwerklichen, kaufmännischen, militärischen oder amtlichen Tätigkeiten.

Tabelle 1
Bevölkerungsentwicklung in Deutschland* vom 11. bis zum 19. Jahrhundert

Zeit	Bevölkerung in Millionen
11. Jahrhundert	10—12
14. Jahrhundert	12—13
um 1600	15
um 1650	10
um 1700	15
um 1750	16—18
um 1800	20
1840	33

* Territorium des späteren Deutschen Reiches (Gebietsstand von 1937).
Quellen: Ernst Kirsten — Ernst Wolfgang Buchholz — Wolfgang Köllmann, Raum und Bevölkerung in der Weltgeschichte, Würzburg 1955/56, Bd. I, S. 353 ff. und Bd. II, S. 60. Statistisches Bundesamt.

1 Vgl. Karl Martin Bolte — Katrin Aschenbrenner — Reinhard Kreckel — Rainer Schultz-Wild, Beruf und Gesellschaft in Deutschland. Berufsstruktur und Berufsprobleme, Opladen 1970, S. 9.

Der Gesellschaftsaufbau der vorindustriellen Zeit wies eine ständische Gliederung auf. Kennzeichnend war, daß die Menschen in — durch Recht und Gesetz gestützte und mit spezifischen Pflichten und Privilegien ausgestattete — Gruppen gegliedert erschienen, die sich um bestimmte gesellschaftliche Funktionen konzentrierten.[2] Diese Gruppen waren die Stände.

Die Unterschiede zwischen den Ständen lagen nicht nur im ökonomischen und sozialen Bereich, sondern zusätzlich im rechtlichen. Mit seiner Geburt war man Adliger, Bürger, Bauer oder Standesloser und wurde durch Rechtsnormen und Bräuche weitgehend in seinem Stand festgehalten. Ein Wechsel zwischen den Ständen war erschwert und nicht frei, jedenfalls nicht allein vom persönlichen Entschluß des einzelnen Menschen abhängig. Gewisse soziale Auf- und Abstiege fanden zwar statt; sie waren teilweise mit blutigen Auseinandersetzungen, z. B. in den Bauernkriegen und in den innerstädtischen Konflikten zwischen Handwerkerzünften und Kaufmannsgilden, verbunden. Man kann deshalb die Ständegesellschaft nicht als völlig statisch oder immobil bezeichnen. Insgesamt gesehen war aber die soziale Mobilität in der vorindustriellen Zeit nur sehr gering.

Daß sich die Ständeordnung über Jahrhunderte hinweg in den Grundzügen erhielt und noch 1794 Bestandteil des Preußischen Allgemeinen Landrechts war (vgl. Textauszug 1), hatte verschiedene Ursachen. Zunächst einmal lag es an der gesetzlichen Verankerung der sozialen Differenzierungen. Hinzu kam aber der Einfluß der Zünfte. Sie wiesen eine überwiegend konservative Prägung auf. Schließlich spielten auch noch die kirchlichen Anschauungen von der gesellschaftlichen Ordnung eine Rolle. Die katholische ebenso wie später die evangelische Kirche bejahten die Ungleichheit der ständisch gegliederten Gesellschaft.[3]

1.2.1.1. Im Mittelalter

Im Mittelalter sprach man noch nicht ausdrücklich vom Mittelstand. Jedoch begann sich hier der Vorläufer unserer heutigen gesellschaftlichen Mittelschicht in Umrissen herauszukristallisieren. Überhaupt entstand mit der Zunahme der mittelalterlichen Städte eine stärkere *soziale Differenzierung*. Neben die ländliche trat eine Stadtgesellschaft. Beide waren in sich gegliedert, wiesen aber deutliche Unterschiede auf.

Die ländliche Gesellschaftsstruktur[4] war von den beiden großen ständischen

---

2 Vgl. Karl Martin Bolte — Dieter Kappe — Friedhelm Neidhardt, Soziale Ungleichheit, 4. Aufl., Opladen 1975, S. 27.
3 Vgl. Bolte, Soziale Ungleichheit, a. a. O., S. 35 f.
4 Vgl. Bolte, Soziale Ungleichheit, a. a. O., S. 28 ff.

Das Preußische Allgemeine Landrecht über die Ständeordnung (1794)

Die Rechte des Menschen entstehen durch seine Geburt, durch seinen Stand, und durch Handlungen und Begebenheiten, mit welchen die Gesetze eine bestimmte Wirkung verbunden haben. (Einleitung, § 82)

Wer zum Bauernstande gehört, darf, ohne Erlaubnis des Staates, weder selbst ein bürgerliches Gewerbe treiben, noch seine Kinder dazu widmen. (II. Teil, 7. Titel, § 2)

Untertanen dürfen das Gut, zu welchem sie geschlagen sind, ohne Bewilligung ihrer Grundherrschaft nicht verlassen. (ebd., § 150)

Untertanen sind bei ihrer vorhabenden Heirat die herrschaftliche Genehmigung nachzusuchen verbunden. (ebd., § 161)

Die Kinder aller Untertanen, welche in fremde Dienste gehen wollen, müssen sich zuvor der Herrschaft zum Dienen anbieten. (ebd., § 185)

Der Zunftzwang besteht in dem Rechte, die Treibung eines zunftmäßigen Gewerbes, innerhalb des der Zunft angewiesenen Distrikts, allen, welche weder zur Zunft gehören, noch vom Staate besonders privilegiert sind, zu untersagen. (ebd., 8. Titel, § 224)

Die Gesellen machen unter sich keine Commune oder privilegierte Gesellschaft aus. Sie sind nicht berechtigt, eigenmächtiger Weise Versammlungen zu halten. (ebd., §§ 396 f.)

Quellen: Werner Conze (Hrsg.), Die preußische Reform, 3. Aufl., Stuttgart 1966, S. 4 ff. – Preußisches Allgemeines Landrecht. Ausgewählte öffentlich-rechtliche Vorschriften, hrsg. von Ernst Pappermann, Paderborn 1972, S. 74, 88.

Gruppen Adel und Bauern gekennzeichnet. Diese Gruppen unterschieden sich in ihrer gesellschaftlichen Funktion, ihrer rechtlichen Stellung, ihrer Lebensführung und anderem mehr voneinander. Darüber hinaus waren die beiden Stände *in sich* abgestuft. Die gemeinhin vorgenommene ständische Einteilung überdeckte die viel differenziertere tatsächliche Gesellschaftsgliederung. So setzte sich der weltliche Adel aus Großgrundbesitzern (an der Spitze Herzöge, Grafen und Markgrafen), Ministerialen und freier Ritterschaft zusammen. Der geistliche Adel bestand aus hoher und niederer Geistlichkeit. Auch die Bauern, die größte Bevölkerungsgruppe der Ständegesellschaft, waren keine homogene Schicht. Zu ihnen zählten freie Bauern mit Landbesitz sowie die unfreie Bauernschaft (vgl. Abbildung 1).

Abbildung 1
Hauptgruppen im Statusaufbau der ländlichen Feudalgesellschaft

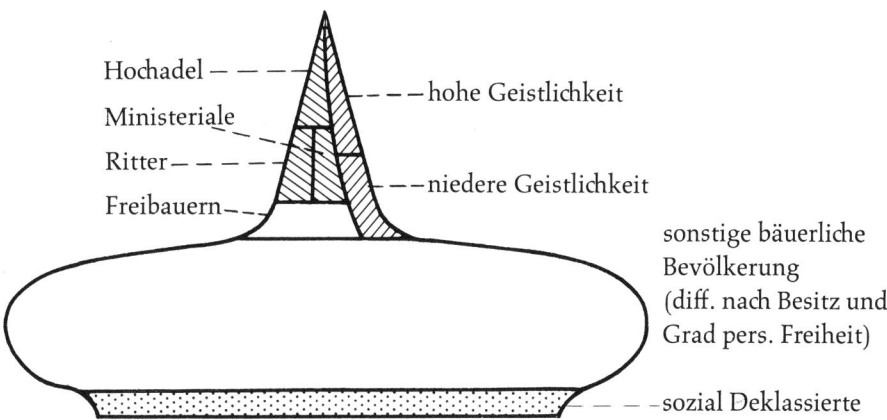

Hochadel — — —

hohe Geistlichkeit

Ministeriale

Ritter— — — —

Freibauern— —

niedere Geistlichkeit

sonstige bäuerliche
Bevölkerung
(diff. nach Besitz und
Grad pers. Freiheit)

sozial Deklassierte

Quelle: Karl Martin Bolte — Dieter Kappe — Friedhelm Neidhardt, Soziale Ungleichheit, 4. Aufl., Opladen 1975,
S. 34.

Stark abweichend von der ländlichen war die gesellschaftliche Gliederung der mittelalterlichen Städte.[5] Obwohl in den Städten nur ein Bruchteil der gesamten Bevölkerung lebte, bildeten sie den Ort der bedeutenden politischen, wirtschaftlichen und kulturellen Entwicklungen. Dies hing wesentlich mit drei Faktoren zusammen, die auch die Gesellschaftsstruktur entscheidend mitbestimmten: der bürgerlich-rechtlichen Freiheit (›Stadtluft macht frei‹), den Berufsverbänden, Zünften, und dem weit ausgeprägteren Erwerbssinn als unter den ländlichen Bedingungen. Auf diesem Hintergrund entwickelte sich die Sozialstruktur innerhalb der Stadtbevölkerung (vgl. Abbildung 2). An oberster Stelle stand die Schicht der Patrizier. Sie umschloß Ministeriale, Fernhandelskaufleute und freie Grundbesitzer. Ihr folgte der zahlenmäßig größte Teil der städtischen Bevölkerung — die *Mittelschicht der Handwerker, Kleinhändler, Magistratsbeamten und Ackerbürger.* Diese beiden Schichten stellten die eigentlichen Bürger der Stadt dar. Bürgerrechte konnte nämlich nur derjenige beanspruchen, der über eigenen Haus- und Grundbesitz verfügte. Das war bei der Unterschicht der städtischen Bevölkerung, den sogenannten unterständischen Existenzen wie Bediensteten, Tagelöhnern, Bettlern und Invaliden, nicht der Fall.
Wenn in der mittelalterlichen Stadt Handwerker, Kleinhändler, Beamte und Ackerbürger ein *soziales Zusammengehörigkeitsgefühl* entwickelten und zu

5 Vgl. Bolte, Soziale Ungleichheit, a. a. O., S. 30 ff.

Abbildung 2
Hauptgruppen im Statusaufbau der mittelalterlichen Stadt

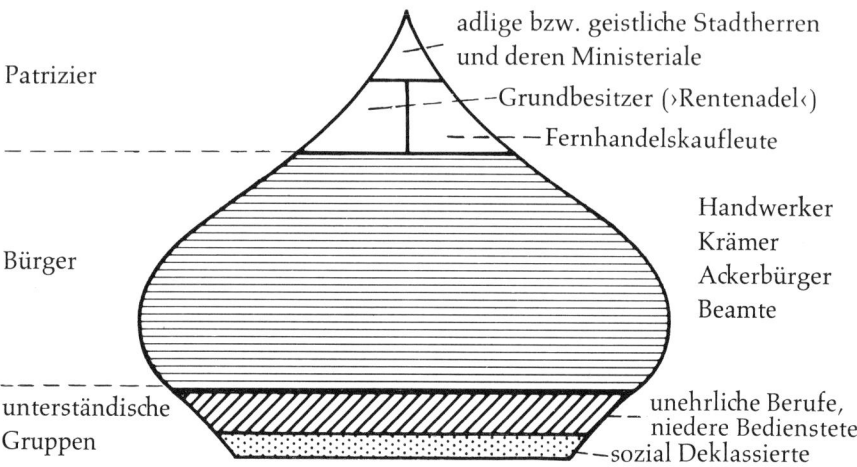

Patrizier — adlige bzw. geistliche Stadtherren und deren Ministeriale
— Grundbesitzer (›Rentenadel‹)
— Fernhandelskaufleute

Bürger — Handwerker
Krämer
Ackerbürger
Beamte

unterständische Gruppen — unehrliche Berufe, niedere Bedienstete
— sozial Deklassierte

Quelle: Karl Martin Bolte — Dieter Kappe — Friedhelm Neidhardt, Soziale Ungleichheit, 4. Aufl., Opladen 1975, S. 35.

einer Gesellschaftsschicht zusammenwuchsen, so war dies vor allem dem Einfluß der Zünfte, »eine der wichtigsten Lebenserscheinungen dieser Jahrhunderte«,[6] zuzuschreiben. Die vereinigende und gestaltende Kraft der Zünfte bildete die entscheidende Grundlage für die Entstehung einer gesellschaftlichen Mittelschicht. Überhaupt lag die Bedeutung der Zünfte »eigentlich von vornherein mehr auf dem Gebiete des sozialen Bereiches im weitesten Umfange des Wortes«.[7]

Zünfte wurden seit der Wende zum 12. Jahrhundert[8] als Vereinigungen von Handwerkern samt ihren Familien zu genossenschaftlicher Sicherung der wirtschaftlichen Existenz gegründet. Nach und nach entstanden Vereinigungen ähnlicher Form auch in anderen Gewerbezweigen, wie z. B. dem Kleinhandel und dem Verkehrsgewerbe (Fuhrleute, Binnenschiffer). Sie waren kein reines Zweckbündnis, sondern »Lebensgemeinschaft und Traditionseinheit einer in sich geschlossenen Menschengruppe«.[9] Gemeinsamkeiten der Zunftmitglieder ergaben sich schon aus der Tatsache, daß nur derjenige aufgenommen wurde, der

6 Friedrich Lütge, Deutsche Sozial- und Wirtschaftsgeschichte, 3. Aufl., Berlin-Heidelberg-New York 1966, S. 178.
7 Lütge, a. a. O., S. 178.
8 Es existiert ein Zunftbrief der Weber von Mainz aus dem Jahre 1099.
9 Peter-Heinz Seraphim, Deutsche Wirtschafts- und Sozialgeschichte. Von der Frühzeit bis zum Ausbruch des Zweiten Weltkrieges, Wiesbaden 1962, S. 48.

16

— »von freier, echter und deutscher Geburt« war,
— eine geregelte Ausbildung nachwies und
— einen Vermögensnachweis erbrachte.
Solidarität und Gleichheit aller Zunftgenossen lautete ihr oberster Grundsatz.
Aus diesem heraus entwickelte sich auch das Ziel, für jedes Mitglied einen gleichen und ausreichenden Lebensunterhalt, die sogenannte bürgerliche Nahrung,
herzustellen.

Hier formierte sich der Vorläufer dessen, was später als *Mittelstand* bezeichnet
wurde. »Er war zum Teil identisch mit dem freien, aufstrebenden *Bürgertum
der Städte.*«[10] Gegenüber dem Adel und dem städtischen Patriziat auf der einen
Seite, den besitzlosen und unfreien Bauern sowie dem Proletariat der Städte auf
der anderen Seite bildeten »die besitzende und teils freie Bauernbevölkerung,
das Handwerk und der Handel den Mittelstand«.[11] Die Magistratsbeamten
werden gewöhnlich ebenfalls dazugerechnet.

Wie schon erwähnt, trat der Mittelstand allerdings noch nicht unter dieser Bezeichnung auf, denn das Wort wurde erst vom 17. Jahrhundert an im deutschen
Sprachgebrauch heimisch.

Je nach der Größe der Städte war die »›mittelständische‹ Schicht der Bürger«[12]
verschieden zusammengesetzt. In den zahlreichen Kleinstädten überwogen noch
die landwirtschaftlich tätigen Ackerbürger, deren Land in der Stadtgemarkung
lag und die sich mit ihren Häusern im Schutz der Stadt angesiedelt hatten. Nicht
selten baute sich auf der eigenen landwirtschaftlichen Erzeugung die gewerbliche Verarbeitung auf. Umgekehrt waren die wenigen, etwa einige Dutzend
Handwerker meist nebenberuflich als Landwirte tätig, um sich ein auskömm-
liches Dasein zu sichern.

Anders sah es in den größeren Städten aus, wo Handwerker und Kleinhändler
die umfangreichste Gruppe der Bevölkerung bildeten. Rein landwirtschaftlich
waren hier nur noch 20 % der Bevölkerung, in Handwerk und Kleinhandel dagegen 60 bis 70 % beschäftigt. Das Handwerk hatte einen lokalen Charakter
und diente den Bedürfnissen der Stadt und des umliegenden flachen Landes. Es
vollzog sich entweder im Lohnwerk oder im Preiswerk. Im Lohnwerk lieferte
der Kunde den Rohstoff, z. B. Getreide an den Müller. Im Preiswerk war der
Handwerker mit eigenem Rohstoff tätig. Seit dem 14. Jahrhundert trat das
Lohnwerk in zahlreichen Handwerkszweigen »immer mehr gegenüber dem
Preiswerk zurück, eine Erscheinung, die Hand in Hand mit der immer stärker
werdenden handelsmäßigen Verflechtung«[13] einherging. Der städtische Klein-

---

10 Fritz Marbach, Theorie des Mittelstandes, Bern 1942, S. 108.
11 Johannes Wernicke, Kapitalismus und Mittelstandspolitik, 2. Aufl., Jena 1922, S. 91.
12 Bolte, Soziale Ungleichheit, a. a. O., S. 32.
13 Lütge, a. a. O., S. 258.

handel, der als verselbständigter Berufszweig erst seit dem 14. Jahrhundert bestand, war vorwiegend Gemischtwarenhandel mit Gegenständen des täglichen Bedarfs in kleinen und kleinsten Mengen. Er umfaßte sowohl den Verkauf importierter als auch solcher Waren, die als Halbfabrikate von den Handwerkern bezogen und von den Kleinhändlern zu konsumreifen Gütern zusammengesetzt wurden.

Insgesamt kam damals dem ›Mittelstand‹ noch geringe Bedeutung zu. Es ist nicht zu vergessen, daß die städtische Bevölkerung im Mittelalter weniger als 20 % der Gesamtbevölkerung ausmachte. Von dem erwerbstätigen Teil wiederum wiesen meist nur die Hälfte bis zwei Drittel die Merkmalskombination persönliche Freiheit, Ausbildung und Vermögen auf, um damit einschließlich ihrer Familien zum ›Mittelstand‹ gerechnet werden zu können. Trotz aller Zunftvorschriften gab es Reiche und Arme. Die überwiegende Zahl der dem ›Mittelstand‹ Zuzurechnenden lebte, wie die Mehrzahl aller Stadtbewohner, in bescheidenen Verhältnissen. Die meisten der Kleinhändler, Handwerker und Ackerbürger waren kleine Existenzen. Neben dem Patriziat genossen dagegen häufig auch die Zunftmeister beträchtlichen Wohlstand. Sie hoben sich dadurch aus der Masse der übrigen Zunftmitglieder heraus.[14]

1.2.1.2. Im Absolutismus

Vom ausgehenden Mittelalter bis zur Industriellen Revolution erfuhr das Wirtschafts- und Sozialsystem, obwohl im wesentlichen weiterhin agrarisch-ständisch geprägt, erhebliche Veränderungen. Das hierfür besonders bestimmende Ereignis war der Dreißigjährige Krieg. Er führte zu hohen Menschen- und Sachverlusten und als Folge davon auch zu einem scharfen wirtschaftlichen Einbruch. Darüber hinaus bewirkte er eine neue politische Herrschaftsform, den landesfürstlichen Absolutismus. Dieser wandelte Wirtschaft und Gesellschaft nachhaltig. Es kam zu einer deutlichen Ausprägung und auch erstmaligen ausdrücklichen Nennung des Mittelstandes.

Der Dreißigjährige Krieg dezimierte die deutsche Bevölkerung um etwa 40 %. Nachdem sie bis 1620 auf 16 Millionen angewachsen war, betrug sie 1650 nur noch 10 Millionen. Besonders verheerend wirkten Hunger und Seuchen. Durch sie starben mehr Menschen als durch Kampfhandlungen. Diese Bevölkerungsabnahme hatte wirtschaftlich zur Folge, daß der ständige Aufstieg aus der Zeit

---

14 Von Augsburg zum beginnenden 15. Jahrhundert, das als eine der wenigen großen Städte freilich nicht repräsentativ ist, weiß man, daß 28 % der Haushaltungen unter 600 fl. Vermögen oder Einkommen besaßen, also ausgesprochen arm, 71 % ein Vermögen zwischen 600 und 1200 fl. nachweisen konnten, also im heutigen Sinne mittelständische Existenzen, und 1 % Reiche waren (vgl. Seraphim, a. a. O., S. 44).

vor dem Krieg gestoppt und in einen abrupten Rückschlag verwandelt wurde. Alle Wirtschaftsbereiche spürten die Kriegswirkungen. In der Landwirtschaft ging die Produktion wegen des Verlustes von Häusern, Fluren und Vieh zurück. Ähnlich sah es in Handel und Handwerk aus. Aufgrund der Armut der ländlichen Bevölkerung und des Bevölkerungsschwundes war ein erheblicher Nachfrageausfall zu verzeichnen. Große Teile der gewerblich Beschäftigten verelendeten. Die Lebensführung, die nach dem Dreißigjährigen Krieg möglich war, ließ sich nicht vergleichen mit derjenigen aus der Zeit vor dem Krieg.

Die Beseitigung der Kriegsfolgen wurde zur vordringlichen Aufgabe für die Landesfürsten des 17. Jahrhunderts. Sie regierten jetzt unbeschränkt (›absolut‹), losgelöst von Kaiser, Papst und Ständen. Der Absolutismus war die neue Herrschaftsform. Diese Herrschaft stützte sich auf ein stehendes Heer von Berufssoldaten sowie ein vom Willen des Fürsten abhängiges — teils akademisch gebildetes — Berufsbeamtentum. Dieses hatte Aufgaben der allgemeinen Verwaltung, die Wahrnehmung des Rechts- und Steuerwesens sowie die Überwachung und Lenkung der gewerblichen Erzeugung zu erfüllen.

Daß sich der absolutistische Staat mit Energie den wirtschaftlichen Fragen zuwendete und dabei zur kameralistischen Ausformung und Lenkung der Wirtschaft entschloß, stellte etwas ganz Neues dar. Es erklärt sich aber daraus, daß alles Trachten jener Zeit darauf gerichtet war, »ein Volk reich und damit einen Fürsten und seinen Staat mächtig«[15] zu machen. Hierzu mußten die produktiven Kräfte planmäßig entwickelt werden.

Im Mittelpunkt der kameralistischen Wirtschaftspolitik stand die Förderung des Gewerbes. Dies äußerte sich zunächst einmal in der Zurückdrängung der Zünfte. Obwohl an Zahl ständig gewachsen, waren sie zu einer rückschrittlichen Kraft geworden. Sie standen der absolutistischen Machtentfaltung und dem wirtschaftlichen Wiederaufbau im Wege. Die Zünfte versäumten es, sich selbst als Träger oder wenigstens Förderer in die neue Politik einzuschalten. Statt dessen sahen sie in der Mehrzahl »ihre Aufgabe nur in der Fernhaltung jeder Konkurrenz, in der Konservierung der überkommenen Verhältnisse, in der Sicherung des Auskommens derjenigen Meister, die zur Zeit in der Zunft waren«.[16] Infolgedessen nahmen die Landesfürsten den Zünften das Recht wirklicher Selbstbestimmung. Sie erließen Vorschriften, die bis in Einzelheiten Menge und Beschaffenheit der handwerklichen Erzeugnisse festhielten. Damit sollte den bestehenden Mißständen im Handwerk begegnet und ein weiteres Absinken der Qualität der handwerklichen Erzeugnisse vermieden werden. Befähigte Handwerksmeister wurden durch fürstliche Privilegien von einengen-

---

15 Seraphim, a. a. O., S. 84.
16 Lütge, a. a. O., S. 359. Die Vertretung des Nahrungsprinzips stellte jetzt nicht mehr auf die Realisierung einer sittlichen Idee ab, sondern war zur egoistischen Maßnahme von selbstsüchtigen Interessen entartet.

den Zunftfesseln befreit. Sie wurden als nicht zunftgebundene ›Freimeister‹ zugelassen. Neben das zünftlerische trat damit ein freies Handwerk. Dieses wirkte als Konkurrenz zum Zunfthandwerk. Die Freimeister erlebten häufig einen beruflichen und sozialen Aufstieg. Sie betrieben meist das unter dem Einfluß steigender Luxusbedürfnisse entstehende und gut verdienende Dienstleistungs- und Modehandwerk. Die althergebrachten, zunftgebundenen Handwerkszweige dagegen sanken einkommensmäßig und sozial ab.

Von besonderer Bedeutung aber war die Förderung der Verlage und Manufakturen, neuer Gewerbeformen, die teilweise schon vor dem Dreißigjährigen Krieg entstanden waren, jedoch durch die Bedürfnisse der absolutistischen Zeit erst zur Blüte gelangten.

Übersicht 1
Produktionsformen in vorindustrieller Zeit

	Handwerk	Verlag	Manufaktur	Fabrik
hauptsächliche Produktionsweise	Handarbeit	Handarbeit	Handarbeit	Maschinen-arbeit
Produktions-zentrum	Familie (durch Gesellen und Lehrlinge erweitert)	Familie (verstärkter Einsatz von Frauen und Kindern)	zentraler Betrieb	zentraler Betrieb
Träger der Unternehmer-funktion	Meister	Verleger	Manu-fakturist	Fabrikherr

Quelle: Karl Martin Bolte – Katrin Aschenbrenner – Reinhard Kreckel – Rainer Schultz-Wild, Beruf und Gesellschaft in Deutschland. Berufsstruktur und Berufsprobleme, Opladen 1970, S. 25.

Verlage zeichneten sich dadurch aus, daß die handwerkliche Produktion wie üblich in den Familien, der Absatz aber durch Unternehmer in Gestalt der ›Verleger‹ erfolgte (vgl. Übersicht 1). Verleger waren häufig reiche Handwerksmeister oder Kaufleute, die in den Verlagen Beschäftigten ärmere Zunfthandwerker und nichtzünftige Bevölkerungsteile der Stadt. Diese produktionsmäßig dezentralisierte, absatzmäßig zusammengefaßte Gewerbeform hatte sich im 15./16. Jahrhundert entwickelt. Sie war aus dem Wandel der überwiegend unmittelbaren Kundenproduktion des Mittelalters zur im größeren Umfang notwendigen Erzeugung, also für einen anonymen Markt, entstanden. Die Handwerker hatten den neuen Anforderungen des Marktes vielfach subjektiv und objektiv nicht mehr gerecht werden können. Ihnen fehlte sowohl der Marktüberblick als auch das qualitative und quantitative Produktionsvermögen für diesen Markt. Durch die neuen Massenbedürfnisse des 17./18. Jahrhunderts, wie z. B. die Bekleidung der stehenden Heere, verzeichnete das Verlagswesen einen kräftigen Aufschwung. Verlage entstanden in dieser Zeit vor allem in Mittelgebirgsgegenden, in denen die landwirtschaftliche Erzeugung wenig abwarf und eine gewerbliche Nebenerzeugung als Ergänzung zur Lebenshaltung notwendig war.[17] Zeuge dieser Vergangenheit ist z. B. heute noch das Keramikgewerbe im Westerwald.

Manufakturen waren Arbeitsstätten außerhalb des familiären Lebenskreises, zentralisierte Großbetriebe unter Beibehaltung der handwerklichen Technik (vgl. Übersicht 1). Sie wurden teils landesherrlich, teils privat geführt, wobei es das Bestreben der Fürsten war, neu zu errichtende Manufakturbetriebe möglichst als private Unternehmen entstehen zu lassen. Eine weitgehende Zerlegung des Produktionsprozesses in Einzelverrichtungen erlaubte es, neben qualifizierten, meist handwerklich ausgebildeten, auch unqualifizierte Arbeitskräfte zu beschäftigen. Voll ausgebildete Handwerker wurden durch die Arbeitszerlegung jedoch immer entbehrlicher. Nur teilweise waren höchste Qualifikationen erforderlich, wie z. B. bei den Porzellanmanufakturen. Zur Entwicklung der Manufakturen trugen sowohl der Luxusbedarf des Hofes als auch der Massenbedarf der neuen Berufsheere entscheidend bei. Um 1800 nahm ihre Zahl deutlich zu, wodurch vielen aus den ärmeren Schichten der Bevölkerung Beschäftigung gegeben wurde. Die Betriebe hatten meist einige Dutzend, teilweise auch mehrere hundert Arbeiter. Gemessen an der gesamten gewerblichen Produktion war die Bedeutung der Manufakturen allerdings nicht sehr groß; ihr Anteil belief sich nur auf wenige Prozent.

Überhaupt ist das Besondere des Manufakturwesens, rückschauend betrachtet, weniger auf wirtschaftlichem als auf soziologischem Gebiet zu sehen. In Fortführung von Ansätzen vorhergegangener Entwicklungen seit dem ausgehenden Mittelalter, insbesondere auf dem Gebiet des Verlagswesens, trat mit den Manufakturen der Wandel vieler selbständiger Handwerker zum unselbständigen, ökonomisch abhängigen Lohnarbeiter hervor. Auch die Entstehung des großbetrieblichen, kapitalistischen Unternehmers zeichnete sich ab.

Alle diese Entwicklungen führten im 17./18. Jahrhundert zur Differenzierung des vom Mittelalter überkommenen Gesellschaftsaufbaus. Insbesondere Einkommen und Vermögen, aber auch Bildung und Ausbildung wurden zu wichtigen Schichtungsmerkmalen. Nach ihnen teilte sich das Bürgertum der Städte

17 Vgl. Seraphim, a. a. O., S. 99.

mehr oder weniger deutlich in ein Groß- und in ein Kleinbürgertum. Häufig verstand man unter Bürgertum nur noch das Großbürgertum. Jetzt wurde das Wort ›Mittelstand‹ im deutschen Sprachgebrauch heimisch: Kurz vor Beginn des 18. Jahrhunderts erschien es nachweisbar in Deutschland zum ersten Mal,[18] ab Mitte des 18. Jahrhunderts dann häufiger als soziologischer Begriff. An der Wende zum 19. Jahrhundert war es offenbar allgemein geläufig.[19] Es meinte das Großbürgertum. Die Herausbildung eines *gehobenen bürgerlichen Mittelstandes* war eines der wichtigsten Ergebnisse dieser Epoche.[20]

Im einzelnen zählten zum Mittelstand gegen Ende des 18. Jahrhunderts die Fabrikanten — Verleger und Manufakturisten —, Bankiers, Börsen- und Großhändler, Beamten, Lehrer, Ärzte, Pfarrer und ähnliche Berufsgruppen (vgl. Übersicht 2). Sie wiesen allesamt eine höhere Schul- oder Universitätsausbildung auf, waren durch Einkommen und Lebensstil zu einer gewissen Einheit geworden und empfanden ein entsprechendes soziales Zusammengehörigkeitsgefühl.[21]

Übersicht 2
Gesellschaftsstruktur im 17./18. Jahrhundert

Stände	Schichten	Berufsgruppen
Adel		
Bürgertum	Großbürgertum (Mittelstand)	Fabrikanten Bankiers Börsen- und Großhändler Beamte Lehrer Ärzte Pfarrer
	Kleinbürgertum	
Bauerntum		

18 Vgl. Klaus-Jürgen Gantzel, Wesen und Begriff der mittelständischen Unternehmung. Abhandlungen zur Mittelstandsforschung, Nr. 4, Köln-Opladen 1962, S. 26.
19 Vgl. Günther Kandler, Zusammenfassung des sprachwissenschaftlichen Gutachtens über Geschichte und Geltung des Begriffs ›Mittelstand‹ und verwandter Termini, in: Bundestags-Drucksache IV/1475 vom 10. 9. 1963, S. 82.
20 Vgl. Seraphim, a. a. O., S. 112.
21 Vgl. Seraphim, a. a. O., S. 112.

Eine Beschreibung des englischen Mittelstandes von DANIEL DEFOE dürfte auch den deutschen Mittelstand zutreffend schildern. DEFOE charakterisierte ihn als »die Quelle aller Tugenden und Freuden, Friede und Überfluß sind in seinem Gefolge; Enthaltsamkeit, Mäßigkeit, Ruhe, Gesundheit, Geselligkeit, kurz jedes anständige und wünschenswerte Vergnügen sehen wir an diese Lebensweise geknüpft«.[22] Ähnlich beschrieb es JOHANN WOLFGANG VON GOETHE, demzufolge zum Mittelstand alle Beamten, Handelsleute und Fabrikanten samt ihrer Familien zählten, die »Personen sämtlich, die sich zwar in beschränkten, aber doch wohlhäbigen, auch ein sittliches Behagen fördernden Verhältnissen befinden«.[23] An anderer Stelle sprach GOETHE ebenfalls vom »wohlhabenden Mittelstand«.[24] Aber auch »die gebildete Intelligenz und das rechtliche Bewußtsein«[25] fielen in den Mittelstand, wie bei GEORG WILHELM FRIEDRICH HEGEL nachzulesen ist; ein nochmaliger Hinweis darauf, daß neben dem Vermögen auch die Bildung ein wichtiges Schichtungsmerkmal darstellte.

Im wesentlichen war der *Mittelstand* also gleichzusetzen mit dem *Großbürgertum*. Handwerker und Kleinhändler gehörten dagegen nicht zum Mittelstand. Diejenigen unter ihnen, die ein beschränktes Einkommen und einen sparsamehrbaren Lebensstil hatten, bildeten den Kern des Kleinbürgertums, stiegen aber nicht selten zum Mittelstand auf. Ein Großteil der Handwerker war jedoch wirtschaftlich und sozial stark abgesunken. Mit der Industriellen Revolution und den parallel dazu verlaufenden Entwicklungen setzten umwälzende Neuerungen, nicht nur für das Handwerk, ein.

1.2.2. Seit der Industriellen Revolution

Neue geistige und technische Entwicklungen führten im 19. Jahrhundert zu grundlegenden gesellschaftlichen und wirtschaftlichen Veränderungen. Liberalismus und moderne Technik lieferten, zusammen mit einer starken Bevölkerungszunahme, die Impulse für einen ungeheuren Wandel der ökonomischen und sozialen Welt.

Der Liberalismus war eine Geisteshaltung, deren Grundgedanke allgemein auf der Freiheit der Persönlichkeit, wirtschaftlich auf dem freien Spiel der Marktkräfte — ›laisser faire‹ — beruhte. Ohne ihn wäre weder die Befreiungsgesetz-

---

22 Zitiert bei Werner Sombart, Der moderne Kapitalismus, 2. Bd., 1. Halbbd., München-Leipzig 1928, S. 35.
23 Johann Wolfgang von Goethe, Deutsche Sprache, in: Gesamtausgabe der Werke und Schriften in zweiundzwanzig Bänden, 15. Bd., Stuttgart o. J., S. 654.
24 Johann Wolfgang von Goethe, Der Bürgergeneral, 9. Auftritt, in: Gesamtausgabe der Werke und Schriften in zweiundzwanzig Bänden, 3. Bd., Stuttgart 1953, S. 1004.
25 Georg Wilhelm Friedrich Hegel, Grundlinien der Philosophie des Rechts (1921), § 297, in: Sämtliche Werke, Bd. 12, 4. Aufl., Hamburg 1955, S. 258.

gebung 1807 und in den Jahren danach noch die kräftige Entfaltung des Unternehmertums denkbar gewesen.

Begleitet wurde der Liberalismus von zahlreichen großen Erfindungen moderner Technik. Entscheidend waren aber nicht allein die Erfindungen, sondern die Tatsache, daß sie, anders als früher, aufgrund unternehmerischer Initiative auch zur wirtschaftlichen Nutzung gelangten. Der Einsatz der Dampfmaschine leitete die maschinelle Massenfabrikation, die Industrielle Revolution, ein.

Schließlich spielte bei den sich anbahnenden gesellschaftlichen und wirtschaftlichen Veränderungen auch der Druck einer stark anwachsenden Bevölkerung eine Rolle. Während ihre Zahl 1816 erst 25 Millionen betrug, lag sie noch vor Ausgang des 19. Jahrhunderts mehr als doppelt so hoch (vgl. Tabelle 2).

Tabelle 2
Bevölkerungsentwicklung in Deutschland von 1816 bis 1976

Jahr	Bevölkerung (in Millionen)	Jahr	Bevölkerung (in Millionen)
Reichsgebiet		Bundesgebiet	
1816	24,8	1947	47,0
1822	27,0	1950	50,2
1831	29,8	1960	55,4
1840	32,8	1970	60,7
1852	35,9	1976	61,5
1861	38,1		
1871	41,0		
1880	45,1		
1890	49,2		
1900	56,0		
1910	64,6		
1925	63,2		
1930	65,1		
1939	69,3		

Quelle: Statistisches Bundesamt.

1.2.2.1. *Im neunzehnten und in der ersten Hälfte des zwanzigsten Jahrhunderts*

Unter dem Einfluß der neuen gesellschaftlichen und wirtschaftlichen Kräfte vollzog sich im 19. Jahrhundert der Wandel von der *Ständegesellschaft* zur *bürgerlichen Gesellschaft*, vom *Agrarstaat* zum *Industriestaat*. Dies hatte auch weitreichende Auswirkungen auf den Mittelstand.

Das Bürgertum rückte im 19. Jahrhundert als Träger des wirtschaftlichen und politischen Fortschritts in den Vordergrund. Es strebte, auf zugleich liberalen und bürgerlich-rationalen Gedanken fußend, eine Gesellschaft an, bei der nur noch die Leistung entscheiden sollte. Die feudalen Bindungen wurden beseitigt. Sie waren überlebt. Allerdings konnten sich im täglichen Leben hier und da noch manche Bestandteile der alten Ordnung weiterhin halten. Den bedeutendsten Schritt auf dem Weg liberaler Reformen stellte das preußische Edikt von 1807 dar. Dieses Reformgesetz räumte der Bevölkerung wichtige freiheitliche Rechte ein (vgl. Textauszug 2). Es wurde der Ausgangspunkt für die Bauernbefreiung und die Gewerbefreiheit.

Die Bauernbefreiung gehörte »zweifellos zu den folgenreichsten Ereignissen des beginnenden 19. Jahrhunderts«.[26] Ohne sie wäre die Industrialisierung nicht im eingetretenen Maße möglich gewesen. Sie bedeutete, daß die Bauern

Textauszug 2

Bauernbefreiung in Preußen (1807)

Edikt über den erleichterten Besitz und den freien Gebrauch des Grundeigentums sowie die persönlichen Verhältnisse der Landbewohner betreffend:

§ 1. Jeder Einwohner Unsrer Staaten ist, ohne alle Einschränkung in Beziehung auf den Staat, zum eigentümlichen und Pfandbesitz unbeweglicher Grundstücke aller Art berechtigt; der Edelmann also zum Besitz nicht bloß adeliger, sondern auch unadeliger, bürgerlicher und bäuerlicher Güter aller Art, und der Bürger und Bauer zum Besitz nicht bloß bürgerlicher, bäuerlicher und anderer unadeliger, sondern auch adeliger Grundstücke ...

§ 2. Jeder Edelmann ist, ohne allen Nachteil seines Standes, befugt, bürgerliche Gewerbe zu treiben, und jeder Bürger oder Bauer ist berechtigt, aus dem Bauer- in den Bürger- und aus dem Bürger- in den Bauerstand zu treten ...

§ 12. Mit dem Martinitage 1810 hört alle Gutsuntertänigkeit in Unsern sämtlichen Staaten auf. Nach dem Martinitage 1810 gibt es nur freie Leute, ... bei denen aber, wie sich von selbst versteht, alle Verbindlichkeiten, die ihnen als freien Leuten vermöge des Besitzes eines Grundstücks, oder vermöge eines besondern Vertrages obliegen, in Kraft bleiben.

Quelle: Ernst Rudolf Huber (Hrsg.), Dokumente zur deutschen Verfassungsgeschichte, Bd. 1, Stuttgart 1961, S. 38 ff.

26 Lütge, a. a. O., S. 439.

fortan die Möglichkeit besaßen, unabhängig über Wohnsitz und Beruf zu entscheiden, sich von den Frondiensten und Feudalabgaben freizukaufen und das
von ihnen genutzte herrschaftliche Land als Eigentum zu erwerben. »Eine mehr
als ein Jahrtausend alte Ordnung wurde damit beseitigt.«[27]

Das Reformgesetz von 1807 sprach jedoch nicht nur den Bauern, sondern jeder-
mann das Recht zu, nach eigenem Willen jedes bürgerliche Gewerbe zu betreiben. Damit war der Übergang zur Gewerbefreiheit eingeleitet. Alle Beschrän-
kungen der Zünfte bezüglich des Haltens von Lehrlingen und Gesellen, alle
Vorschriften über Produktionsmenge und -güte, alle Konzessionen und Regle-
mentierungen fielen, da sie das Recht des Menschen verletzten, seine Arbeitskraft seinem Willen gemäß einzusetzen.[28] Die Zünfte waren praktisch gesprengt. Allerdings vollzog sich der Übergang zur Nutzung der Gewerbefreiheit nur sehr allmählich unter Inkaufnahme von beträchtlichen Rückschlägen.
Erst in den sechziger Jahren war dem neuen Gedanken der allgemeine Durch-
bruch gelungen. Dies lag daran, daß in der ersten Jahrhunderthälfte häufig
»weder die wirtschaftlichen noch die gesellschaftlichen Voraussetzungen für die
Gewerbefreiheit vorhanden«[29] waren. Lediglich die Fabrikanten befürworteten
verständlicherweise die Gewerbefreiheit, während die kleinen Handwerker der
neuen Ordnung oft ablehnend gegenüberstanden.

Mit der Durchsetzung des Liberalismus und dem Wandel von der Ständegesellschaft zur bürgerlichen Gesellschaft gingen die Technisierung und der Übergang
vom Agrarstaat zum Industriestaat Hand in Hand. In den vierziger Jahren des
19. Jahrhunderts, rund ein halbes Jahrhundert später als in England, wurden
die industriellen Ansätze in Deutschland deutlich sichtbar. Nach der Jahrhun-
dertmitte kam es dann verbreitet zur Großproduktion in modernen Fabriken.
Die Industrie übernahm immer größere Teile der gewerblichen Gütererzeugung,
die handwerklichen Produktionsformen wurden zunehmend durch neue Fabri-
kationstechniken ersetzt. Bedeutende Unternehmerpersönlichkeiten traten hervor. Das Verhältnis zwischen gewerblicher Wirtschaft und Landwirtschaft verschob sich allmählich zugunsten der ersteren. Bis zum Beginn der siebziger
Jahre blieb die Landwirtschaft allerdings noch dominierend.[30]

Liberalismus und Industrialisierung führten zu einschneidenden *Veränderun-
gen* im *sozialen Bereich*. Das betraf einmal die ländliche Bevölkerung. Viele
Bauern waren zu arm oder unselbständig, um aus der Bauernbefreiung für sich
Nutzen zu ziehen. Sie wanderten in die Städte und die Industrie ab. Aus ihren

27 Lütge, a. a. O., S. 445.
28 Vgl. Seraphim, a. a. O., S. 127.
29 Hans Haussherr, Wirtschaftsgeschichte der Neuzeit vom Ende des 14. bis zur Höhe des 19. Jahrhunderts,
   3. Aufl., Köln-Graz 1960, S. 387.
30 Vgl. Lütge, a. a. O., S. 477.

Reihen rekrutierte sich ein erheblicher Teil der Fabrikarbeiterschaft, und zwar in erster Linie die Gruppe der ungelernten Arbeiter.

Aber auch die Lage der Handwerker verschlechterte sich, da durch die Gewerbefreiheit nun in großer Zahl selbständige Meister auftraten, was eine Übersetzung der einzelnen Handwerkszweige zur Folge hatte. Hinzu kam, daß durch die Industrialisierung häufig das Handwerk von gleichartigen Fabrikprodukten verdrängt wurde. Zwar entstanden auch, gerade aufgrund der Industrialisierung, wieder neue Handwerkszweige, aber insgesamt war doch festzustellen, daß sich neben den Bauern zahlreiche Handwerker gezwungen sahen, ebenfalls in die Fabriken abzuwandern, wo sie die Gruppe der gelernten Arbeiter bildeten. Einen Einblick in die Folgen von Liberalisierung und Industrialisierung gibt die nachstehende Tabelle 3, die das starke Anwachsen der Handwerker und Fabrikarbeiter in Preußen und Berlin während der ersten Hälfte des 19. Jahrhunderts zeigt.

In dieser Epoche allseitigen Wandels erhielt der *Mittelstandsbegriff* einen *völlig neuen Inhalt*. Während er gegen Ausgang der vorindustriellen Zeit gleichzusetzen gewesen war mit dem gehobenen Bürgertum, umfaßte er zur Mitte des

Tabelle 3
Handwerker und Fabrikarbeiter in Preußen und in Berlin 1801/1858

	Preußen		Berlin	
	1801	1858	1801	1858
Bevölkerung insgesamt	10 000 000	17 740 000	173 000	458 600
Handwerker insgesamt	440 000	1 052 000	19 600	53 600
(in %)	(4,4)	(5,8)	(11,4)	(11,7)
Selbständige Handwerker	330 000	545 000	8 600	17 800
(in %)	(3,3)	(3,0)	(5,0)	(3,9)
Abhängige Handwerker	110 000	507 000	11 000	35 800
(in %)	(1,1)	(2,8)	(6,4)	(7,8)
Fabrikarbeiter	180 000	679 000	6 000	22 900
(in %)	(1,8)	(3,8)	(3,5)	(5,0)

Quelle: Informationen zur politischen Bildung. Das 19. Jahrhundert. Industrialisierung – Soziale Frage (2), Nr. 164 (1975), S. 13.

19. Jahrhunderts das Kleinbürgertum. Man konnte geradezu zwischen situiertem Großbürgertum und Mittelstand unterscheiden.[31] Nach der Beseitigung der ständischen Gesellschaftseinteilung zählte nun das Großbürgertum zur Oberschicht, und das Kleinbürgertum nahm den Platz in der gesellschaftlichen Mitte ein.

Während sich in der ständischen Gesellschaft Rechte und Pflichten um die Geburt herum kristallisiert hatten, verlor die Herkunft allmählich an Bedeutung, und der Besitz, das Geld, traten in den Vordergrund. Dadurch rückte das besitzende Großbürgertum zur herrschenden Gesellschaftsschicht auf, und Bauern, Handwerker, Kleinhändler wurden zum Mittelstand. MARX schrieb 1848 in seinem Kommunistischen Manifest: »Die Mittelstände, der kleine Industrielle, der kleine Kaufmann, der Handwerker, der Bauer, sie alle bekämpfen die Bourgeoisie, um ihre Existenz als Mittelstände vor dem Untergang zu sichern.«[32] Überhaupt bezeichneten sich jetzt vorwiegend diejenigen als Mittelstand, die von der Industrialisierung in eine Notlage versetzt worden waren.

OTTO VON BISMARCK verwendete den Mittelstandsbegriff in einer Rede 1849 vornehmlich für das Handwerk.[33] Das mag damit zusammenhängen, daß das Handwerk das Gros des Kleinbürgertums darstellte. Andererseits machte das Handwerk auch sehr nachdrücklich auf seine Notlage und damit auf sich aufmerksam. So war schon 1848 der ›Deutsche Handwerker- und Gewerbekongreß‹ zusammengetreten, um für die Abgeordneten der Frankfurter Nationalversammlung Forderungen nach einer Wiederbelebung der alten Zunftbindungen zu erheben. Teilweise fanden sie auch Eingang in die Wirtschaftsgesetzgebung der Einzelstaaten. Dies sind Ansätze einer bewußten Mittelstandspolitik. Eine andere Konsequenz dieser Notlage war die Gründung der genossenschaftlichen Selbsthilfeorganisationen, außer für den gewerblichen Bereich (durch HERMANN SCHULZE-DELITZSCH) auch für den ländlichen (durch FRIEDRICH WILHELM RAIFFEISEN). Das moderne Genossenschaftswesen nahm seinen Anfang.

Mit der Reichsgründung 1871 beschleunigten sich die Industrialisierung und die wirtschaftliche Entwicklung. Vereinheitlichtes Wirtschaftsrecht und Geldwesen erleichterten den Güteraustausch fühlbar. Getragen von einer Welle des Optimismus wurden Industrieunternehmen gegründet, bestehende erweitert. Auch Großbanken, Versicherungen, Verkehrsunternehmen und Warenhäuser entstanden oder weiteten sich aus. Immer mehr Menschen aus Landwirtschaft und Handwerk wanderten in Industrie, Handel und Verkehr ab. Um 1900 beschäftigte die Landwirtschaft nur noch gut 35 % aller Erwerbstätigen (vgl. Tabelle 4).

---

31 Vgl. Rolf Engelsing, Kleine Wirtschafts- und Sozialgeschichte Deutschlands, Hannover 1968, S. 143.
32 Karl Marx – Friedrich Engels, Manifest der Kommunistischen Partei, Berlin 1968, S. 29 f.
33 Vgl. Werner Sombart, Die Deutsche Volkswirtschaft im 19. Jahrhundert und im Anfang des 20. Jahrhunderts, 8. Aufl., Stuttgart 1954, S. 463.

Ihr Anteil am Volkseinkommen ging auf 20 % zurück.[34] Bis zum Beginn des Ersten Weltkrieges hatte Deutschland praktisch den Anschluß an die industrielle Entwicklung in England gewonnen.

Tabelle 4
Erwerbstätige nach Wirtschaftsbereichen und nach der Stellung im Beruf in Deutschland 1882 bis 1939

a) nach Wirtschaftsbereichen

Stichtag	Erwerbs-tätige insges.	davon in den Wirtschaftsbereichen							
		Land- und Forst-wirtschaft		Produzierendes Gewerbe		Handel und Verkehr		Sonstige Wirtschafts-bereiche (Dienstlei-stungen)	
	1 000	1 000	%	1 000	%	1 000	%	1 000	%
5. 6. 1882	18 957	8 237	43,4	6 396	33,7	1 570	8,3	2 754	14,5
14. 6. 1895	22 110	8 293	37,5	8 281	37,5	2 339	10,6	3 198	14,5
12. 6. 1907	28 092	9 883	35,2	11 256	40,1	3 478	12,4	3 475	12,4
16. 6. 1925	32 009	9 762	30,5	13 239	41,4	5 274	16,5	3 734	11,7
16. 6. 1933	32 296	9 343	28,9	13 053	40,4	5 932	18,4	3 968	12,3
17. 5. 1939	35 732	8 946	25,0	14 580	40,8	6 066	17,0	6 140	17,2

b) nach der Stellung im Beruf

Stichtag	Erwerbs-tätige insges.	davon als							
		Selbständige		Mithelfende Familien-angehörige		Beamte und Angestellte		Arbeiter	
	1 000	1 000	%	1 000	%	1 000	%	1 000	%
5. 6. 1882	18 957	5 299	28,0	1 935	10,2	1 147	6,1	10 576	55,8
14. 6. 1895	22 110	5 576	25,2	2 070	9,4	1 828	8,3	12 637	57,2
12. 6. 1907	28 092	5 496	19,6	4 288	15,3	2 882	10,3	15 427	54,9
16. 6. 1925	32 009	5 288	16,5	5 437	17,0	5 525	17,3	15 759	49,2
16. 6. 1933	32 296	5 303	16,4	5 312	16,4	5 513	17,1	16 168	50,1
17. 5. 1939	35 732	4 804	13,4	5 651	15,8	7 732	21,6	17 545	49,1

Quelle: Statistisches Bundesamt.

34 Vgl. Engelsing, a. a. O., S. 126.

Während dieser vier Jahrzehnte von 1871 bis 1914 setzte sich die Strukturverschiebung zwischen Selbständigen und Unselbständigen beschleunigt fort. Obwohl die Selbständigen der absoluten Zahl nach zeitweise noch zunahmen, sank ihr Anteil an den Erwerbstätigen, da die Zahl der Unselbständigen wesentlich schneller anstieg (vgl. Tabelle 4). Die starke Ausdehnung der Unselbständigen ging dabei nicht mehr wie in der frühen Industrialisierungsphase von den Arbeitern aus, sondern die Angehörigen kaufmännischer Berufe, die mit der wirtschaftlichen Entwicklung immer notwendiger wurden, traten stärker in den Vordergrund.

Mit den wachsenden Anforderungen an Bahn, Post und Zollverwaltung stieg die Zahl der Beamten überdurchschnittlich. Die bedeutendste Entwicklung stellte jedoch die Herausbildung einer breiten Angestelltenschaft dar. Sie entstand durch den zunehmenden Bedarf an Verwaltungs-, Verkaufs- und Einkaufsleistungen in den Großunternehmen des Handels, der Banken, des Verkehrs und der Industrie. Angestellte verfügten meist über eine mehrjährige, qualifizierte Ausbildung und traten — ausdrücklich dazu legitimiert — der restlichen Belegschaft gegenüber als ›verlängerter Arm‹ des Chefs auf. »Im Vergleich zu den Arbeitern konnten sie daher Ansprüche auf gewisse Privilegien, wie z. B. relativ hohe Einkommen, Kündigungsschutz usw., geltend machen.«[35]

Bis zum Ersten Weltkrieg zeichnete sich immer deutlicher ein neuer, komplizierterer Gesellschaftsaufbau ab. »Der gelernte Arbeiter steht über dem ungelernten; er steht sogar, was sein Einkommen betrifft, oft über dem kleinen Handwerksmeister mit ungewisser Kundschaft. Dann . . . die Laboranten und Ingenieure, die Einkäufer und Verkäufer und Abteilungsleiter, die immer wachsende Masse der Büroarbeiter aller Grade in der Industrie, im Handel, wie in den Riesenbetrieben des Staates, Eisenbahn und Post und Zollverwaltung — überall entstehen Stufenleitern von Einkommen, Verantwortung, Rang.«[36]

In diesem Gesellschaftsaufbau erhielt auch der *Mittelstand* ein *neues Gesicht*. Zu den kleinen und mittleren Selbständigen stießen mehr und mehr unselbständige Bevölkerungsteile. Angestellte und Beamte fühlten sich überwiegend dem Mittelstand zugehörig. Sie distanzierten sich ideologisch von der Arbeiterschaft, obwohl sie ökonomisch teilweise schlechter gestellt waren als die oberste Schicht der Arbeiter. Diese Distanzierung wurde von seiten der Unternehmer und des Staates durch besondere arbeits- und versicherungsrechtliche Behandlung begünstigt.[37] Trotz seiner Erweiterung umfaßte der Mittelstand vor dem Ersten Weltkrieg aber nur rund ein Viertel der Bevölkerung. Der weit überwie-

35 Bolte, Soziale Ungleichheit, a. a. O., S. 45.
36 Golo Mann, Deutsche Geschichte des 19. und 20. Jahrhunderts, 11. Aufl. der Sonderausgabe, Frankfurt (Main) 1976, S. 409.
37 Vgl. Bolte, Soziale Ungleichheit, a. a. O., S. 45.

gende Teil, Fabrikarbeiter, Landarbeiter, kleine Angestellte usw., stand auf der untersten Stufe der Gesellschaft.[38]

Die Zeit zwischen den beiden Weltkriegen war nicht nur politisch, sondern auch wirtschaftlich von Unruhe gekennzeichnet. Galoppierende Inflation mit anschließender Währungsreform 1923, ›goldene‹ Wiederaufschwungjahre, tiefe Rezession im Zuge der Weltwirtschaftskrise 1929 bis 1932 mit Massenarbeitslosigkeit und planwirtschaftlich gesteuerte Rückkehr zur Vollbeschäftigung 1933 bis 1939 folgten dicht aufeinander. In diesen wechselvollen Jahren setzte sich der Umstrukturierungsprozeß in der Wirtschaft fort. Der Anteil der in der Landwirtschaft Tätigen nahm weiter deutlich ab, aber nicht mehr zugunsten der Industrie, sondern der privaten und öffentlichen Dienstleistungen. Handel, Banken, Versicherungen, Verkehr und — insbesondere in den Jahren der Planwirtschaft — öffentlicher Dienst waren die besonders expansiven Wirtschaftsbereiche.

Angestellte und Beamte bekamen so weiter wachsendes Gewicht im Wirtschaftsleben. Während sie 1907 erst 10 % aller Erwerbstätigen ausgemacht hatten, waren es 1939 bereits 22 % (vgl. Tabelle 4). Seit Beginn der zwanziger Jahre erfuhr die Angestelltenschaft dabei einen grundlegenden Strukturwandel. »Durch die Zunahme von Büroarbeiten in den Industriebetrieben, die Vermehrung der Kaufhäuser und das Einrücken von Angestellten in den öffentlichen Dienst kam es . . . zu einem wachsenden Anteil von gering qualifizierten Angestellten, die mit Routinearbeit beschäftigt waren, sowie zu einer erheblichen Zunahme des Frauenanteils (insbesondere Schreibkräfte).«[39] Nach oben bildete sich die Gruppe der leitenden Angestellten heraus.

Viele der gering qualifizierten Angestellten übernahmen das ›alte Angestelltenbewußtsein‹, das heißt, sie empfanden und verhielten sich als Angehörige des Mittelstandes. Der Mittelstand dehnte sich dadurch weiter aus. Hinzu kam, daß durch die fortschreitende Differenzierung auch innerhalb der Arbeiterschaft eine Hierarchie entstand, deren Spitze sich ebenfalls dem Mittelstand zurechnete. Auf diese Weise dürfte der Mittelstand vor dem Zweiten Weltkrieg etwa ein Drittel der Bevölkerung umfaßt haben.

1.2.2.2. Nach 1945

Nach dem Zweiten Weltkrieg stand die wirtschaftliche und gesellschaftliche Entwicklung ganz im Zeichen des ›Wirtschaftswunders‹. Der rasche und kräftige Aufschwung mit durchschnittlichen Wachstumsraten des Bruttosozialprodukts

---

38 Vgl. Mann, a. a. O., S. 406.
39 Bolte, Soziale Ungleichheit, a. a. O., S. 45.

von real 8 % p.a. während der fünfziger und 5 % p.a. während der sechziger Jahre (vgl. Tabelle 5) wurde zum bestimmenden Merkmal der Bundesrepublik Deutschland.

Tabelle 5
Bruttosozialprodukt in der Bundesrepublik Deutschland 1950 bis 1976

Jahr*	Bruttosozialprodukt		
		Veränderungen in %	
	in Mrd. DM	nominal	real
1950	98,1	—	—
1951	120,0	+ 22,3	+ 10,4
1952	137,0	+ 14,2	+ 8,9
1953	147,7	+ 7,8	+ 8,2
1954	158,6	+ 7,4	+ 7,4
1955	181,4	+ 14,4	+ 12,0
1956	200,5	+ 10,5	+ 7,3
1957	218,5	+ 9,0	+ 5,7
1958	234,3	+ 7,2	+ 3,7
1959	254,9	+ 8,8	+ 7,3
1960	284,7	+ 11,7	+ 9,0
1961	332,6	+ 10,0	+ 5,4
1962	360,1	+ 8,3	+ 4,0
1963	384,0	+ 6,6	+ 3,4
1964	420,9	+ 9,6	+ 6,7
1965	460,4	+ 9,4	+ 5,6
1966	490,7	+ 6,6	+ 2,9
1967	495,5	+ 1,0	− 0,2
1968	540,0	+ 9,0	+ 7,3
1969	605,2	+ 12,1	+ 8,3
1970	685,6	+ 13,3	+ 5,8
1971	761,9	+ 11,1	+ 3,0
1972	833,9	+ 9,5	+ 3,4
1973	927,5	+ 11,2	+ 5,1
1974	997,0	+ 7,5	+ 0,5
1975	1 043,0	+ 4,6	− 3,2
1976	1 135,1	+ 8,8	+ 5,6

* Bis 1960 ohne Saarland und Berlin.
Quelle: Statistisches Bundesamt.

Die Folgen dieser Entwicklung zeigten sich allerorten; sie griffen tief in die Strukturen von Wirtschaft und Gesellschaft und die Motive des Handelns ihrer Menschen ein. Wesentliche Grundlagen für das ›Wirtschaftswunder‹ waren die Währungsreform, die Einführung der Marktwirtschaft und die Marshall-Plan-Hilfe.

Die Währungsreform hatte die Reduzierung des in der Kriegs- und Nachkriegszeit inflationär aufgeblähten Geldvolumens zum Ziel, denn der Geldüberhang belastete das deutsche Wirtschaftsleben schwer. Weder waren die Unternehmer bereit, Waren gegen wertloses Geld abzugeben, noch hatten die Angestellten und Arbeiter bei einer Entlohnung mit wertlosem Geld ein Interesse, ihre Arbeitskraft anzubieten oder ihre Leistungen gar zu steigern. Daher war der Währungsschnitt eine dringend notwendige Maßnahme. Vom 21. Juni 1948 an galt statt der früheren ›Reichsmark‹ die ›Deutsche Mark‹. Altes Geld wurde bis zu einem Betrag von 60 RM pro Kopf im Verhältnis 1:1 umgestellt und 40 DM hiervon am Währungsstichtag, die restlichen 20 DM im August 1948 ausgegeben. Unternehmen wurden gleichfalls mit 60 DM pro Kopf der bei ihnen Beschäftigten ausgestattet. Über die Summe von 60 RM hinausgehende Altgeldbeträge wurden zunächst im Verhältnis 10:1, im Endergebnis sogar im Verhältnis 10:0,65 umgestellt, so daß 100 RM schließlich zu 6,50 DM zusammenschmolzen.

Die DM konnte aber nur in einer von Bewirtschaftungsmaßnahmen freien Wirtschaftsordnung zur Grundlage des Wiederaufstiegs werden. Das Bekenntnis zum marktwirtschaftlichen Prinzip, das auch in der Aufhebung von 90 % aller Preisvorschriften bis zum Juli 1948 zum Ausdruck kam, war daher die zweite wichtige Entscheidung am Beginn der Bundesrepublik. Sie hatte bald darauf die Entwicklung des Programms der ›Sozialen Marktwirtschaft‹ zur Folge, einer Wirtschaftsordnung, deren Leitidee das freie Spiel der Marktkräfte unter Vermeidung wirtschaftlicher Machtpositionen war. Im Rahmen dieser neuen Ordnung änderte sich das Wirtschaftsklima schlagartig. Schon drei Jahre nach Einführung von Währungsreform und Marktwirtschaft war das Produktionsniveau von der Zeit vor dem Krieg wieder erreicht.

Große Bedeutung kam hierbei auch der amerikanischen Unterstützung im Rahmen des Europäischen Wiederaufbauprogramms, der sogenannten Marshall-Plan-Hilfe, zu. Ihre Bedeutung bestand zunächst darin, daß die USA der Bundesrepublik von 1948 bis 1951 dringend benötigte Lebensmittel, Rohstoffe und Maschinen im Wert von 1,3 Mrd. $ lieferte — weitgehend als Schenkung. Damit war nicht nur die Ernährung der Bevölkerung sichergestellt. Der Marshall-Plan bildete vor allem das Startkapital, das angesichts vieler zerstörter oder demontierter Industrieanlagen und bei knapper Devisenlage notwendig war, um den Wiederaufbauwillen der Bevölkerung in die Tat umzusetzen. Darüber hinaus war eine indirekte Wirkung dieses Hilfsprogramms kaum weniger bedeutsam.

Tabelle 6

Industrieproduktion in der Bundesrepublik Deutschland 1949 bis 1976

Jahr	Index der industriellen Nettoproduktion (1962 = 100)	Veränderung gegenüber Vorjahr (in %)
1949	29,6	—
1950	36,5	+ 23,5
1951	42,7	+ 17,0
1952	45,9	+ 7,5
1953	49,8	+ 8,5
1954	55,8	+ 12,0
1955	64,4	+ 15,4
1956	69,7	+ 8,2
1957	73,0	+ 4,7
1958	75,2	+ 3,0
1959	81,1	+ 7,9
1960	90,7	+ 11,8
1961	96,1	+ 6,0
1962	100,0	+ 4,0
1963	103,0	+ 3,0
1964	112,9	+ 9,6
1965	119,2	+ 5,6
1966	120,9	+ 1,4
1967	117,6	− 2,7
1968	131,2	+ 11,6
1969	147,7	+ 12,6
1970	157,4	+ 6,6
1971	160,9	+ 2,2
1972	166,7	+ 3,6
1973	178,6	+ 7,1
1974	175,6	− 1,7
1975	164,7	− 6,2
1976	178,1	+ 8,1

Quelle: Statistisches Bundesamt.

Die deutschen Importeure brauchten für die amerikanischen Lieferungen zwar keine Devisen aufzuwenden, mußten sie aber in DM bezahlen. Aus diesen Zahlungen entstand ein Fonds, dessen Mittel wiederum im Inland verwendet werden konnten — das ERP(European Recovery Program)-Sondervermögen des Bundes. Es stellt bis heute langfristige Mittel zur Förderung der Wirtschaft, insbesondere der mittelständischen Wirtschaft, zur Verfügung.

Vom Ende der vierziger Jahre an entfaltete sich eine rege wirtschaftliche Tätigkeit. Sie war begleitet von Steuergesetzen, die die unternehmerische Aktivität förderten, sowie von Arbeitsbeschaffungs- und Wohnungsbauprogrammen. Die Industrieproduktion wuchs mit hohen Zuwachsraten. Schon innerhalb von nur sechs Jahren, von 1949 bis 1955, hatte sie sich verdoppelt, was anschließend erst wieder innerhalb von 13 Jahren gelang (vgl. Tabelle 6).

Tabelle 7

Beiträge der Wirtschaftsbereiche zum Bruttoinlandsprodukt in der Bundesrepublik Deutschland 1950 bis 1976

Jahr	Brutto-inlands-produkt*	Wirtschaftsbereiche			
		Land- und Forst-wirtschaft	Produ-zierendes Gewerbe	Handel und Verkehr	Sonstige Wirtschafts-bereiche**
		in Mio DM			
1950	98 050	9 980	48 680	19 990	19 400
1955	182 000	14 230	97 160	36 030	34 580
1960	284 770	17 110	154 720	56 070	56 870
1965	462 020	19 690	250 070	88 960	103 300
1970	686 960	21 530	375 130	124 840	172 460
1975	1 044 920	28 210	513 830	187 780	326 400
1976	1 136 500	29 720	563 550	202 570	353 860
		in %			
1950	100	10,2	49,6	20,4	19,8
1955	100	7,8	53,4	19,8	19,0
1960	100	6,0	54,3	19,7	20,0
1965	100	4,3	54,1	19,3	22,4
1970	100	3,1	54,1	18,0	24,8
1975	100	2,7	48,6	17,8	30,9
1976	100	2,6	49,0	17,6	30,7

* Die Summen der Beiträge der Wirtschaftsbereiche zum Bruttoinlandsprodukt sind ab 1968 (Umsatzsteuerreform) aus buchungstechnischen Gründen größer als das Bruttoinlandsprodukt insgesamt.

** Private Dienstleistungsunternehmen, Staat, private Haushalte und private Organisationen ohne Erwerbscharakter.

Quelle: Statistisches Bundesamt.

Mit dem wirtschaftlichen Aufschwung setzte ein gewaltiger Strukturwandel ein. Der Anteil der Landwirtschaft am Bruttoinlandsprodukt[40] ging von 10 % im Jahre 1950 auf 3 % im Jahre 1970 zurück. Umgekehrt erhöhten Industrie und Handwerk, also das Produzierende Gewerbe, ihren Anteil von 50 % auf 54 %, und zunehmendes Gewicht erhielten die sogenannten sonstigen Wirtschaftsbereiche, deren Anteil von 20 % auf 25 % wuchs (vgl. Tabelle 7). Auch hinsichtlich der Beschäftigten verschoben sich die Relationen. 1950 arbeiteten in der Landwirtschaft 25 % und im Produzierenden Gewerbe 43 % aller Erwerbstätigen, 1970 aber 9 % und 49 % (vgl. Tabelle 8).

Tabelle 8
Erwerbstätige nach Wirtschaftsbereichen
in der Bundesrepublik Deutschland 1950 bis 1976

| Jahr | Erwerbs-tätige insgesamt | davon in den Wirtschaftsbereichen | | | |
		Land- und Forst-wirtschaft	Produ-zierendes Gewerbe	Handel und Verkehr	Sonstige Wirtschafts-bereiche*
		in 1000			
1950	20 376	5 020	8 689	2 918	3 749
1955	23 230	4 285	10 890	4 290	3 765
1960	26 247	3 581	12 506	4 585	5 575
1965	26 887	2 876	13 138	4 729	6 144
1970	26 668	2 262	13 024	4 655	6 727
1975	25 323	1 823	11 615	4 571	7 314
1976	25 076	1 714	11 379	4 500	7 483
		in %			
1950	100	24,6	42,6	14,3	18,4
1955	100	18,4	46,9	18,5	16,2
1960	100	13,6	47,6	17,5	21,2
1965	100	10,7	48,9	17,6	22,9
1970	100	8,5	48,8	17,5	25,2
1975	100	7,2	45,9	18,0	28,9
1976	100	6,8	45,4	17,9	29,8

* Private Dienstleistungsunternehmen, Staat, private Haushalte und private Organisationen ohne Erwerbscharakter.
Quelle: Statistisches Bundesamt.

40 Das Bruttoinlandsprodukt (BIP) ist nahezu gleichbedeutend mit dem Bruttosozialprodukt (BSP). Beide Größen weichen nur unerheblich voneinander ab. 1976 z. B. betrug das BIP 1 137 Mrd. DM, das BSP 1 135 Mrd. DM. Werden vom Bruttoinlandsprodukt die Einkommen der Ausländer im Inland abgezogen und die Einkommen der Inländer aus dem Ausland hinzugezählt, so erhält man das Bruttosozialprodukt.

Breite Schichten der Bevölkerung nahmen an dem kräftig steigenden Volkseinkommen teil, und immer mehr Güter, die einst einer kleinen Schicht von Bessersituierten vorbehalten gewesen waren, wie Radio, Kühlschrank, Auto usw., wurden zu Massenkonsumgütern.

Stärkster Antriebsmotor der Konjunktur war die Auslandsnachfrage. Die Bundesrepublik befand sich nicht nur in der glücklichen Lage, jene Industrien zu besitzen, deren Erzeugnisse auf dem Weltmarkt zunehmend gefragt waren, sondern sie konnte auch die an ihre Industrie herantretende Nachfrage relativ billig und rasch befriedigen. Auf diese Weise erreichten die Exporte zweistellige Zuwachsraten. Liberalisierungstendenzen im Welthandel sowie die Gründung der Europäischen Wirtschaftsgemeinschaft (EWG) 1957 und der Übergang zur vollen Konvertibilität der DM im Jahre 1958 trugen dazu bei, daß ab 1960 etwa ein Viertel des Bruttosozialprodukts für das Ausland produziert wurde, nachdem es 1950 lediglich ein Zehntel war. Stark exportorientierte Branchen, wie der Maschinenbau, die Elektrotechnik und die Chemie, gehörten zu den am deutlichsten expandierenden Industriezweigen. Anfang der sechziger Jahre, 15 Jahre nach Kriegsende, war die Bundesrepublik zur drittgrößten Industrie- und zweitgrößten Handelsnation der Erde aufgestiegen.

Parallel zum Wachstum der Produktion sank die Zahl der Arbeitslosen von 1,9 Millionen im Jahre 1950 nahezu kontinuierlich auf 155 000 im Jahre 1962, die Arbeitslosenquote von 11 % auf 0,7 % (vgl. Tabelle 9). Dabei darf nicht vergessen werden, daß die Bevölkerung durch Flüchtlinge noch bis 1961 um 5 Millionen wuchs (vgl. Tabelle 2). Gerade die Flüchtlinge begünstigten aber die rasche Wirtschaftsentwicklung. »In dem Streben, Geltung und Einkommen wiederzuerlangen, arbeiteten (sie) hart und förderten dadurch den Wiederaufbau kräftig. Sie stellten eine Arbeitskraftreserve von seltener Mobilität dar und erleichterten die notwendigen Veränderungen der Wirtschaftsstruktur.«[41] Ähnliche Wirkungen hatte die anschließende starke Zuwanderung ausländischer Arbeitskräfte, deren Zahl bis auf 2,6 Millionen im Jahre 1973 anstieg. Die Mobilität war dabei nicht nur regionaler, sondern auch sektoraler Art, das heißt es fand ein Wechsel z. B. von landwirtschaftlich Beschäftigten in Industrieberufe statt.

Diese wirtschaftliche Entwicklung hatte weitreichende Konsequenzen im soziologischen Bereich. In allen Schichten breitete sich eine Ökonomisierung der Wertvorstellungen aus. Persönliches Erfolgsstreben, Konsum- und Freizeitorientierung wurden sichtbare Züge des Sozialverhaltens. Menschen mit hohem Einkommen gewannen schneller an Sozialprestige als andere. Verstärkt wurde dieser Prozeß durch unterschiedliche Belastungen aus der Anfangsphase des

---

41 Gustav Stolper – Karl Häuser – Knut Borchardt, Deutsche Wirtschaft seit 1870, Tübingen 1964, S. 310.

Tabelle 9
Arbeitslose in der Bundesrepublik Deutschland 1950 bis 1976

Jahr	Arbeitslose	
	Anzahl*	%**
1950	1 868 504	11,0
1951	1 713 887	10,4
1952	1 651 915	9,5
1953	1 491 000	8,4
1954	1 410 717	7,6
1955	1 073 576	5,6
1956	876 287	4,4
1957	753 711	3,7
1958	763 850	3,7
1959	539 942	2,6
1960	270 678	1,3
1961	180 855	0,8
1962	154 523	0,7
1963	185 646	0,8
1964	169 070	0,8
1965	147 352	0,7
1966	161 059	0,7
1967	459 489	2,1
1968	323 480	1,5
1969	178 579	0,9
1970	148 846	0,7
1971	185 072	0,9
1972	246 433	1,1
1973	273 498	1,3
1974	582 481	2,6
1975	1 074 217	4,7
1976	1 060 336	4,6

* Jahresdurchschnitte. Bis 1958 Bundesgebiet ohne Saarland.
** Arbeitslose in % der beschäftigten Arbeitnehmer.
Quelle: Statistisches Bundesamt.

38

Wiederaufbaus. Die Währungsreform »schuf zwar schnell ein funktionierendes Geldwesen, hinterließ aber gerade bei den kleineren Sparern, den Rentnern und Alten eine große Not«.[42] Darüber hinaus schonte die Steuerpolitik zunächst diejenigen, »die in erster Linie in der Lage gewesen wären, hohe Steuern zu zahlen. Unternehmer . . . konnten in diesen Jahren schon beträchtliche Vermögen ansammeln, als die Masse der Arbeitenden noch kärglich lebte«.[43]

Die Oberschicht wurde stark von den wirtschaftlichen Eliten geprägt, was um so eher möglich war, als die im engeren Sinne politischen Führungsgruppen nahezu fehlten. Denn der preußische Adel war infolge von Krieg, Widerstand und Verlust der östlichen Provinzen so gut wie beseitigt und ohne Bedeutung. Die Gesellschaft stellte zum ersten Mal eine von der alten Hierarchie völlig freie bürgerliche Gesellschaft dar. In einer keineswegs homogenen Schicht aus alten und neuen Wirtschaftsführern, politischen, rechtlichen und militärischen Eliten, den Spitzen der Kirche, des Erziehungswesens und mancher nichtwirtschaftlicher Verbände nahmen die wirtschaftlichen Führungsgruppen einen gewissen Vorrang ein. Von ihnen her »hat sich die Ökonomisierung der verhaltensleitenden Wertvorstellungen durch die ganze deutsche Gesellschaft hin verbreitet«.[44]

Einen deutlichen Aufstieg erlebten aber auch die mittleren und unteren Schichten. Am ausgeprägtesten war er bei den Beschäftigten der Industrie, dem lange Zeit expansivsten Wirtschaftsbereich. Die wachsende Zahl der Unselbständigen wurde zu einer ökonomisch und politisch immer gewichtigeren Größe. Sie stellten die eigentlichen aufsteigenden Schichten der Nachkriegszeit dar. Ihre Zahl nahm zwischen 1950 und 1970 von 14 Millionen auf 22 Millionen zu (vgl. Tabelle 10). Dieses Zeichen wirtschaftlicher Expansion spiegelte sich auch in einem kräftigen Anstieg der Pro-Kopf-Einkommen wider. Einen deutlichen Zuwachs verzeichneten die Angestellten und Beamten, deren Anteil an den Erwerbstätigen von 21 % auf 36 % stieg (vgl. Tabelle 11). Besonders ausgeprägt war er bei den Angestellten, und hier wiederum bei den Frauen, vor allem aufgrund der Zunahme der Büroarbeiten in den Industriebetrieben, der Vermehrung der Kaufhäuser und des Einrückens von Angestellten in den öffentlichen Dienst. Es entstand ein breites Spektrum der verschiedensten Berufe, das vom Direktor bis zur einfachen Schreibkraft reichte und sich überwiegend zur gesellschaftlichen Mitte rechnete.

Der Anteil der Arbeiter an allen Erwerbspersonen ging von 51 % im Jahre 1950 auf 46 % im Jahre 1970 zurück. Dennoch vollzog sich auch bei ihnen ein bemerkenswerter sozialer Aufstiegsprozeß. Er beruhte zum einen darauf, daß der Bedarf an qualifizierten Facharbeitern stieg, was Differenzierungen

---

42 Lütge, a. a. O., S. 575.
43 Stolper, a. a. O., S. 263.
44 Ralf Dahrendorf, Gesellschaft und Demokratie in Deutschland, München 1965, S. 470 f.

Tabelle 10
Erwerbstätige nach Wirtschaftsbereichen und nach der Stellung im Beruf in der Bundesrepublik Deutschland 1950 bis 1976

| | | davon als | | |
Jahr	Erwerbstätige insgesamt	Selbständige	Mithelfende Familien- angehörige	Abhängige
		Jahresdurchschnitte in 1000		

Land- und Forstwirtschaft

1950	5 020	1 288	2 733	999
1955	4 285	1 245	2 300	740
1960	3 581	1 127	1 963	491
1965	2 876	928	1 579	369
1970	2 262	767	1 200	295
1975	1 823	645	935	243
1976	1 714	615	857	242

Produzierendes Gewerbe

1950	8 689	889	168	7 632
1955	10 890	845	205	9 840
1960	12 506	759	216	11 531
1965	13 138	718	208	12 212
1970	13 024	653	145	12 226
1975	11 615	608	120	10 887
1976	11 379	595	111	10 673

Handel und Verkehr

1950	2 918	672	171	2 075
1955	4 290	750	225	3 315
1960	4 585	860	284	3 441
1965	4 729	726	245	3 758
1970	4 655	664	207	3 784
1975	4 571	636	184	3 751
1976	4 500	617	170	3 713

Quelle: Statistisches Bundesamt.

Jahr	Erwerbstätige insgesamt	davon als		
		Selbständige	Mithelfende Familien- angehörige	Abhängige
		Jahresdurchschnitte in 1000		

Sonstige Wirtschaftsbereiche

Jahr	Erwerbstätige insgesamt	Selbständige	Mithelfende	Abhängige
1950	3 749	396	96	3 257
1955	3 765	375	125	3 265
1960	5 575	581	200	4 794
1965	6 144	551	174	5 419
1970	6 727	606	180	5 941
1975	7 314	625	184	6 505
1976	7 483	619	175	6 689

Alle Wirtschaftsbereiche

Jahr	Erwerbstätige insgesamt	Selbständige	Mithelfende	Abhängige
1950	20 376	3 245	3 168	13 963
1955	23 230	3 215	2 855	17 160
1960	26 247	3 327	2 663	20 257
1965	26 887	2 923	2 206	21 758
1970	26 668	2 690	1 732	22 246
1975	25 323	2 514	1 423	21 386
1976	25 076	2 446	1 313	21 317

Quelle: Statistisches Bundesamt.

innerhalb der Arbeiterschaft hinsichtlich Einkommen und sozialem Status entstehen ließ. Teilweise werden diese höher qualifizierten Arbeiter heute innerbetrieblich wie Angestellte behandelt. Darüber hinaus konnte aber auch die Arbeiterschaft insgesamt einen beträchtlichen Aufstieg verzeichnen. Ihr Realeinkommen nahm deutlich zu. Arbeits- und sozialrechtlich wurde eine weitgehende Angleichung an die Angestellten erreicht. Durch den Zustrom meist ungelernter Gastarbeiter wuchs freilich auch die Schicht der sozial Unterprivilegierten. Bei etlichen Arbeitern ist trotz der ökonomischen Besserstellung zwar noch ein ›Arbeiterbewußtsein‹ im engeren Sinne vorhanden. Vielen erscheint aber

Tabelle 11

*Erwerbstätige nach der Stellung im Beruf in der Bundesrepublik Deutschland
1950 bis 1976*

Monat und Jahr	Erwerbs-tätige insgesamt	Selb-ständige	Mithelfende Familien-angehörige	Beamte	Ange-stellte	Arbeiter
	in 1 000					
Sept. 1950	23 489	3 412	3 253	4 838		11 986
Okt. 1957	25 653	3 316	2 830	1 317	5 091	13 100
Okt. 1960	26 501	3 308	2 599	1 537	5 856	13 201
Mai 1965	27 100	3 089	2 238	1 815	7 007	12 952
Apr. 1970	26 452	2 766	1 790	1 924	7 693	12 279
Mai 1975	25 960	2 398	1 299	2 142	8 977	11 145
Mai 1976	25 752	2 331	1 188	2 211	9 058	10 965
	in %					
Sept. 1950	100	14,5	13,8	20,6		51,0
Okt. 1957	100	12,9	11,0	5,1	19,8	51,1
Okt. 1960	100	12,5	9,8	5,8	22,1	49,8
Mai 1965	100	11,4	8,3	6,7	25,9	47,8
Apr. 1970	100	10,5	6,8	7,3	29,1	46,4
Mai 1975	100	9,2	5,0	8,3	34,6	42,9
Mai 1976	100	9,1	4,6	8,6	35,2	42,6

Quelle: Statistisches Bundesamt.

das Bemühen um individuellen Aufstieg, eventuell aus der Arbeiterschaft heraus, erstrebenswerter und sinnvoller als primär der Kampf um eine Verbesse-
rung der Lage der Arbeiterschaft als solcher.[45]
Die sozialen Aufstiegsprozesse der Nachkriegszeit waren auch von gegenläufi-
gen Tendenzen begleitet. Während die meisten Selbständigen das ›Wirtschaftswunder‹ erfolgreich nutzten, mußten andere ihre Existenz unter dem Zwang
der neuen Verhältnisse aufgeben und damit zumindest vorübergehend eine
Einbuße an Sozialprestige hinnehmen; das betraf vor allem auch viele Flüchtlinge. Während es 1950 3,4 Millionen Selbständige gab, waren es 1970 nur
noch 2,8 Millionen (vgl. Tabelle 11). Kraß war der Schrumpfungsprozeß in der
Landwirtschaft. Im Handwerk wurden die in Konkurrenz zur Industrie produzierenden Zweige dezimiert, während Betriebe mit Spezialprodukten, Repara-
tur- und Instandsetzungsbetriebe sowie Zulieferbetriebe gute Wirkungsmög-
lichkeiten besaßen. Beim Einzelhandel verringerte sich die Zahl der Selbstän-

45 Vgl. Bolte, Beruf und Gesellschaft in Deutschland, a. a. O., S. 41.

digen unter dem Einfluß von Warenhäusern, Versandhandel und Supermärkten. Im Dienstleistungsbereich dagegen stieg sie durch die Zunahme der Gaststätten, Rechts- und Wirtschaftsberatungsunternehmen, Wäschereien und Reinigungen deutlich an.

Angesichts des sozialen Wandels von der Industriellen Revolution bis in die heutige Zeit formulierte HELMUT SCHELSKY 1953 die These, die Bundesrepublik sei eine ›nivellierte Mittelstandsgesellschaft‹. Er stützte seine Ansicht auf die relative Angleichung der wirtschaftlichen Positionen, die weitgehende Einheitlichkeit des politischen Status und die Vereinheitlichung der sozialen und kulturellen Verhaltensformen.[46] Trotz zweifellos im historischen Vergleich eingetretener Nivellierungsprozesse wurde die These als Beschreibung der Gegenwart aber zu Recht bald abgelehnt, da sie den tatsächlichen Ungleichheiten in etlichen Teilbereichen der Gesellschaft nicht genügend Rechnung trug. »Sie erscheint nur dann sinnvoll, wenn man sie als idealtypische Fixierung von Entwicklungstendenzen versteht, die von historischen Ausformungen der Ungleichheit . . . zur Gegenwart hin zu beobachten sind.«[47]

Insgesamt ist aber für die Zeit nach dem Zweiten Weltkrieg festzustellen, daß der entstandene erweiterte Mittelstand in seiner ganzen Breite wieder zu einer maßgebenden, bestimmenden Kraft im Wirtschaftsleben geworden ist.

1.2.3. Zusammenfassung

Wie wir gesehen haben, war der Mittelstand im Laufe der Jahrhunderte eine stets verschieden strukturierte Gesellschaftsschicht. Er wandelte sein Gesicht mit den politischen und wirtschaftlichen Entwicklungen der Vergangenheit. Die Anfänge seiner Entwicklung liegen im Mittelalter. Während dieser Epoche entstand eine größere Stadtbevölkerung, die im wesentlichen aus Handwerkern und Händlern bestand. Diese fühlte sich aufgrund mancher Gemeinsamkeiten zusammengehörig. Als Bürgertum trat sie zwischen Adel und Bauerntum. Dieses Bürgertum nahm insofern eine gesellschaftliche Mittelstellung ein, als es im Vergleich zum Bauerntum den Vorteil der persönlichen Freiheit und des eigenen Besitzes, im Vergleich zum Adel aber bedeutend weniger angeborene Rechte besaß. Schon zu jener Zeit war es für das Leben in der Gemeinschaft, insbesondere durch die Zünfte, eine bestimmende und gestaltende Kraft.

Bis zum Ende der vorindustriellen Epoche blieb der überkommene ständische Gesellschaftsaufbau erhalten. Ein Wandel vollzog sich nur innerhalb des Bürgertums, der jedoch bedeutsam war. Er lag vor allem begründet in der durch den

---

46 Vgl. Helmut Schelsky, Auf der Suche nach Wirklichkeit, Düsseldorf-Köln 1965, S. 340.
47 Bolte, Soziale Ungleichheit, a. a. O., S. 41.

Dreißigjährigen Krieg entstandenen Not breiter Schichten und der allmählichen Entartung und Erstarrung der Zünfte einerseits, den zunehmenden Möglichkeiten zu unternehmerischer Tätigkeit und akademischer Ausbildung andererseits. Diese Faktoren ließen nach und nach eine Trennung des Bürgertums in ein Kleinbürgertum und ein Großbürgertum entstehen. Zum Mittelstand zählten gegen Ende des 18. Jahrhunderts im wesentlichen nur die großbürgerlichen Fabrikanten, Bankiers, freien Berufe und Beamten. Auch und besonders in dieser Epoche war der Mittelstand eine tonangebende und bestimmende Schicht für das öffentliche Leben.

Mit der Industriellen Revolution im Verlauf der ersten Hälfte des 19. Jahrhunderts, die von der Bauernbefreiung und der Einführung der Gewerbefreiheit begleitet war, wandelten sich die ökonomischen und gesellschaftlichen Grundlagen wesentlich. Obwohl die neuen Entwicklungen in Deutschland keineswegs so revolutionär wie in England und in Frankreich verliefen, mit ihnen jedoch die Fesseln der Stände und Zünfte gesprengt wurden, stifteten sie im Anfang mehr Schaden als Nutzen. Für große Teile der in der Landwirtschaft und im Handwerk Tätigen brachten sie existenzbedrohende Verschlechterungen ihrer Lage. In dieser Epoche verschob sich der Inhalt des Mittelstandsbegriffs zum Kleinbürgertum hin. Anders als in der Vergangenheit spielte der Mittelstand jetzt eine keineswegs bestimmende und tragende, sondern eine deutlich abwehrende, mehr existenzsichernde Rolle. *Hermann Schulze-Delitzsch und Friedrich Wilhelm Raiffeisen leiteten in dieser Situation die Entwicklung des modernen Genossenschaftswesens ein.* Sie gründeten Selbsthilfeeinrichtungen zur Förderung bedrohter gewerblicher und landwirtschaftlicher Bevölkerungsschichten.

Heute stellen sich Wirtschaft und Gesellschaft mit wiederum verändertem Gesicht dar. Der Industrialisierungsprozeß ist fortgeschritten. Unter den Erwerbstätigen hat sich der Anteil der Selbständigen verringert, der der Unselbständigen entsprechend erhöht. Im Gegensatz zu den Verhältnissen vor 100 Jahren ist dieser Umstrukturierungsprozeß aber, gerade wenn man an die Zeit nach dem Zweiten Weltkrieg denkt, für die Mehrheit der Bevölkerung mit einer deutlichen Steigerung des Wohlstandes verbunden gewesen. Auf gesellschaftlichem Gebiet sind die wirtschaftlichen Entwicklungen von einer Ausweitung der mittleren Gesellschaftsschicht begleitet worden. Die Folge ist, daß sich der Mittelstand heute nicht nur aus Selbständigen, Freiberuflern und Beamten, sondern auch aus Angestellten und Arbeitern samt ihrer Familien zusammensetzt. Seiner ursprünglichen Bedeutung entsprechend ist der breite Mittelstand wieder eine maßgebende, bestimmende und orientierende Kraft, die wirtschaftlich und politisch umworben ist.

Diese gegenüber dem vergangenen Jahrhundert veränderte Lage und Struktur des Mittelstandes hat auf das Genossenschaftswesen zurückgewirkt. Genossenschaften sind heute »nicht mehr Zusammenschlüsse von Bedürftigen und

Schwachen, sondern von Tüchtigen und Vorwärtsstrebenden, die ihre Selbständigkeit bewahren und etwas leisten wollen«.[48] Sie knüpfen nicht mehr an eine ›Solidarität der Not‹ und vorwiegend daraus entspringende emotionale Bindungen, sondern an Leistungswillen und Rationalität in der Gemeinsamkeit an. Stärker denn je müssen sie sich dem Wettbewerb stellen, und sie haben nur da eine Chance, wo sie wettbewerbsfähig sind. Dieser Wettbewerbsdruck hat für das Genossenschaftswesen stets im guten Sinne antreibend gewirkt.

Von der gewandelten Mittelstandsstruktur her erklärt sich, daß einzelne Bereiche des Genossenschaftswesens unterschiedlich gewachsen sind. Gestiegene Mitgliederzahlen haben insbesondere die Genossenschaftsbanken verzeichnet, die eine große Zahl des aufsteigenden unselbständigen Mittelstandes für sich gewinnen konnten. Der Wandel sowohl innerhalb des Mittelstandes als auch innerhalb des Genossenschaftswesens läßt sich kaum besser veranschaulichen als dadurch, daß im vorigen Jahrhundert nahezu alle Mitglieder von Genossenschaftsbanken selbständige Handwerker, Kaufleute und Freiberufler waren, heute dagegen neben den vorgenannten Gruppen 60 % der Mitglieder Angestellte, Beamte und Arbeiter sind.

Der Grundgedanke des Genossenschaftswesens hatte und hat gerade auch bei den veränderten Verhältnissen seine Anziehungskraft behalten. Das liegt mit daran, daß der Einzelne wirtschaftlich nach wie vor am besten in der Solidarität derer aufgehoben ist, die sich mit ihm in gleicher Lage befinden. Etwas anderes kommt hinzu. In einer Zeit, in der viele Funktionen und Entscheidungen, die bisher von Menschen getroffen worden sind, heute durch Computer-Technik und Datenverarbeitung überflüssig werden, wächst die Bedeutung jeder Möglichkeit menschlicher Entfaltung, wie sie sich in Form der genossenschaftlichen Selbstverwaltung anbietet.[49] Die ständig gestiegene Zahl genossenschaftlicher Mitgliedschaften ist ein Beweis dafür.

1.3. Abgrenzungskriterien zur Begriffsfindung

Nachdem wir gesehen haben, welche verschiedenen Inhalte der Mittelstandsbegriff bis in unsere Zeit hatte, ergibt sich die Frage: Welches sind nun typische Mittelstandsmerkmale? Nach welchen Kriterien grenzte und grenzt sich der Mittelstand gegen die übrigen Gesellschaftsschichten ab?

Im Mittelalter unterschieden sich, wie wir sahen, die städtischen Berufsgruppen, die den Vorläufer des späteren Mittelstandes darstellten, von Adel und

---

48 Walter Scheel, Aufgaben der Genossenschaften im modernen Industriestaat, in: Bulletin des Presse- und Informationsamts der Bundesregierung, Nr. 119 (1975), S. 1178.
49 Vgl. Herbert Wendt, Eine Chance für moderne Genossenschaften, in: Mitgliedertagung des Deutschen Raiffeisenverbandes vom 1. bis 3. Juni 1970 in Kiel, Verhandlungsbericht, S. 95.

Bauerntum durch die nichtadlige Geburt einerseits, die persönliche Freiheit andererseits. Hinzu kamen Merkmale, die sich aus der Zugehörigkeit zu den Zünften ergaben. Dies waren die geregelte Ausbildung der Zunftmitglieder und der Nachweis eines gewissen Vermögens, über dessen Höhe allerdings nichts bekannt ist. Darüber hinaus bildete ein bestimmter, einheitlicher Lebensstil ein Abgrenzungsmerkmal, da die Sicherung einer für alle Zunftgenossen gleichen ›bürgerlichen Nahrung‹ Ziel der Zünfte war.

Vom ausgehenden Mittelalter bis zum Beginn des Industriezeitalters änderten sich unter dem politischen und ökonomischen Wandel jener Jahrhunderte die Abgrenzungsmerkmale des Mittelstandes. Insbesondere das durch die Wirtschaftspolitik der absolutistischen Landesherren geförderte Leistungsdenken und Erwerbsstreben hatten hier nachhaltigen Einfluß. Einkommen und Vermögen wurden jetzt zum dominierenden Schichtungsmerkmal. Aber auch das sich ausbreitende Schul- und Hochschulwesen machten sich bemerkbar. Sie ließen Bildung und Ausbildung zum weiteren wichtigen Abgrenzungskriterium werden. Nicht zuletzt der aus Bildung und Einkommen resultierende Lebensstil spielte eine Rolle.

Wie die mittelständische Ausprägung von Einkommen, Bildung und Lebensstil aussah, läßt sich teilweise anhand der schon zitierten Bemerkungen von Zeitgenossen jener Epoche ablesen. So lebte der Mittelstand offenbar in »wohlhäbigen . . . Verhältnissen«.[50] Die »gebildete Intelligenz«[51] fand sich hier versammelt, und »jedes anständige und wünschenswerte Vergnügen«[52] war an die mittelständische Lebensweise geknüpft. So interessant diese Aussagen als unmittelbare Schilderungen der Vergangenheit sind — sehr konkrete Angaben über mittelständische Merkmalsausprägungen enthalten sie letztlich leider nicht.

Mit der Industrialisierung und ihren Umwälzungen bekam, wie wir gesehen haben, der Mittelstandsbegriff einen neuen Inhalt. Um die Mitte des 19. Jahrhunderts bezog er sich auf die kleinen Selbständigen aus Industrie, Handwerk, Handel und Landwirtschaft, jenen Teil der Bevölkerung, von dem viele in ihrer Existenz bedroht waren. Aufgrund der düsteren Prognose von MARX, daß der Mittelstand unter den neuen Verhältnissen zwischen den Klassen der Kapitalisten und der Proletarier zerrieben werden würde, begann sich das Augenmerk der Wissenschaft auf das Mittelstandsproblem zu richten. Gegen Ende des 19. Jahrhunderts erschienen erstmals wissenschaftliche Abhandlungen über den Mittelstand, die auch begriffliche Abgrenzungsversuche enthielten. Dies war zugleich die Zeit des Beginns einer neuen Wirtschafts- und Sozialpolitik. Wäh-

---

50 von Goethe, Deutsche Sprache, a. a. O., S. 654.
51 Hegel, a. a. O., S. 258.
52 Sombart, Der moderne Kapitalismus, a. a. O., S. 35.

rend bis Mitte der neunziger Jahre jedes Gesetz nach seiner Wirkung auf die Arbeiterschaft beurteilt worden war, geschah dies von da an mit Blick auf den Mittelstand[53] — das waren dem herrschenden Mittelstandsverständnis der damaligen Zeit entsprechend die kleinen Selbständigen mit ihren Familien.

In den wissenschaftlichen Abgrenzungsversuchen wurde eine ganze Reihe von Mittelstandsmerkmalen genannt. Sie spiegeln die unterschiedlichen Auffassungen vom Mittelstand wider. Gerade gegen Ende des 19. Jahrhunderts hatte sich ja, wie wir sahen, durch die deutliche Herausbildung und das starke Anwachsen der Angestellten ein nachhaltiger Wandel des Mittelstandes vollzogen, der bis heute Gegenstand wissenschaftlicher Erörterungen geblieben ist. Bis zu den zwanziger Jahren kamen die Abgrenzungsversuche ziemlich ausschließlich von nationalökonomischer Seite. Erst dann interessierten sich auch Soziologen dafür. Heute erfolgen Globalanalysen von dem, was man für den Mittelstand hält, fast nur noch auf dem Felde der Soziologie.[54]

1.3.1. *Vorwiegend ökonomische Kriterien*

1.3.1.1. *Darstellung*

Einer der ältesten Definitionsversuche des Mittelstandes ist der von MAGNUS BIERMER. Dieser bezeichnete 1897 als Mittelstand alle gewerblichen Unternehmer, Handwerker und Kaufleute mit kleinem und mittlerem Umfang ihrer Betriebe, die sich von den kapitalkräftigeren Unternehmern bedroht sehen, persönlichen Kontakt zu ihren Arbeitnehmern im Betrieb und zu den Kunden haben und sich im übrigen als Mittelstand fühlen.[55] Er verstand unter Mittelstand nur Selbständige.

GUSTAV VON SCHMOLLER zog im gleichen Jahr den Begriff in seinem Inhalt schon weiter. Er nannte als Kriterien der Mittelstandszugehörigkeit ein Einkommen zwischen 1 800 und 8 000 Mark, ein Vermögen bis 100 000 Mark sowie das Vorhandensein eines eigenen Geschäfts oder einer sicheren Anstellung. Mittelstand waren für ihn mittlere Grundbesitzer und Unternehmer, Beamte, freie Berufe, Kleinbauern, Handwerker, Kleinhändler, Werkmeister und besser bezahlte Arbeiter.[56] Der Mittelstand umfaßte zu jener Zeit nach einer Schätzung von

53 Vgl. Franz Carl Huber, Die Rettung des Mittelstandes. Aus den Festgaben für Friedrich Julius Neumann, Tübingen 1905, S. 355.
54 Vgl. Raymund Krisam, Der ›Mittelstand‹ im hochindustrialisierten Wirtschaftsraum, Köln-Opladen 1965, S. 16.
55 Vgl. Magnus Biermer, Mittelstandsbewegung, in: Handwörterbuch der Staatswissenschaften, 2. Supplementband, Jena 1897, S. 634 ff.
56 Vgl. Gustav von Schmoller, Was verstehen wir unter dem Mittelstand?, Göttingen 1897, S. 31.

SCHMOLLER gut 50 % aller Familienvorstände und Familien.[57] Neben den Selbständigen galten für ihn also auch Unselbständige als zum Mittelstand gehörig. Die Selbständigkeit wurde nicht mehr allgemein und allein »als unabdingbares Kriterium einer Zugehörigkeit zum Mittelstand angesehen«.[58] Man sprach vom selbständigen und unselbständigen Mittelstand.

Viele verstanden den Mittelstand allerdings weiterhin im engen Rahmen. So zählte z. B. MAX PRAGER (1904) nur die kleinkapitalistischen Unternehmer — ohne proletarisierte Kleinkaufleute und Handwerker — dazu.[59] EMIL SUCHSLAND (1905) definierte den Mittelstand als »die Gesamtheit aller wirtschaftlichen Existenzen, die . . . Einnahmen mittleren Umfangs (900 bis 9 500 Mark) haben und in der dauernden Benutzung ihrer Erwerbsquellen von dem Willen einzelner Dritter unabhängig sind«.[60] ANTON RETZBACH (1907) zufolge bildeten lediglich die selbständigen Erwerbstätigen den Mittelstand, und zwar »alle in Industrie und Handel, die ein kleines oder mittelgroßes Geschäft haben«.[61]

Eine Erweiterung erfuhren die Mittelstandsmerkmale im Zusammenhang mit der stark ansteigenden Zahl von kaufmännischen Angestellten. Diese fühlten sich dem Mittelstand zugehörig, wie ihre Forderung zeigt, »den *großen Teil des deutschen Mittelstandes, den unser Stand bildet* (Hervorhebung durch d. Verf.), vor der Proletarisierung, vor dem Untergange zu bewahren«.[62] Merkmale, die die Einbeziehung sowohl Selbständiger als auch Unselbständiger erlaubten, traten in den Vordergrund.

So rechnete JOHANNES WERNICKE 1909 dem Mittelstand neben dem größten Teil der Beamten, einem großen Teil der Fabrikanten und Kaufleute einschließlich der Kleinhändler, einem großen Teil der Handwerker und sonstigen Gewerbetreibenden, dem größten Teil der freien Berufe, Rentner und Pensionäre, den Bauern sowie der oberen Schicht der »emporsteigenden Arbeiterklasse« auch den größten Teil der Angestellten zu.[63] Allgemein waren es für ihn alle diejenigen, »die durch ihre mehr oder weniger verantwortungsvolle Stellung, ihre Leistungen, ihre Bildung, ihren Besitz oder ihr Einkommen oder ihre soziale und gesellschaftliche Stellung, durch den ganzen bürgerlichen Zuschnitt der Lebensführung über die großen Massen der arbeitenden Klassen hinausragen, ohne aber durch ein großes Einkommen zu den kapital- oder besitzreichen Klas-

---

57 Vgl. von Schmoller, a. a. O., S. 31.
58 Heinrich August Winkler, Mittelstand, Demokratie und Nationalsozialismus, Köln 1972, S. 23.
59 Vgl. Max Prager, Die Mittelstandsfrage, Berlin 1904, S. 6 ff.
60 Emil Suchsland, in: Deutsche Hochwacht, Nr. 175, Stettin 1905, zitiert bei Johannes Wernicke, Kapitalismus und Mittelstandspolitik, 2. Aufl., Jena 1922, S. 92.
61 Anton Retzbach, Die Förderung des gewerblichen Mittelstandes, in: Soziale Revue, Zeitschrift für die sozialen Fragen der Gegenwart, hrsg. von Anton Retzbach, 7. Jg., Essen 1907, S. 217.
62 Iris Hamel, Völkischer Verband und nationale Gewerkschaft. Der Deutschnationale Handlungsgehilfen-Verband 1893–1933, Frankfurt (Main) 1967, S. 10.
63 Vgl. Johannes Wernicke, Der Mittelstand und seine wirtschaftliche Lage, Leipzig 1909, S. 1 f.

sen zu gehören«.[64] Die Angestellten, Beamten, freien Berufe sowie die Oberschicht der Arbeiter galten dabei als ›neuer‹ Mittelstand, die selbständigen Gewerbetreibenden als ›alter‹ Mittelstand.

Von diesem weiten Mittelstandsbegriff ging auch LEO MÜFFELMANN 1913 bei seiner Definition aus. Für ihn mußten »neben der allgemeinen Grundlage eines mittleren Einkommens, dessen Grenzen nach oben und unten als schwankend zu betrachten sind, die bestimmten Einzelheiten der Beschäftigung, der beruflichen Bildung und der sozialen Stellung herangezogen werden. Zum Mittelstande gehören dann diejenigen Wirtschaftsexistenzen, welche ein mittleres Einkommen beziehen und entweder eine selbständige Erwerbstätigkeit ausüben oder unselbständig zu höheren, nicht rein mechanischen Leistungen verpflichtet sind«.[65]

Dieses veränderte Mittelstandsverständnis findet sich, ausgesprochen oder unausgesprochen, in allen Abgrenzungsversuchen der folgenden Jahre wieder. Doch muß in diesem Zusammenhang angemerkt werden, daß der Mittelstand nicht immer und einheitlich im ausgeweiteten Sinne verstanden wurde. Gewissermaßen unter der Decke des neuen Begriffsinhalts hielt sich bei den Selbständigen in Landwirtschaft, Gewerbe und Handel das Gefühl, der eigentliche Mittelstand zu sein,[66] für den Artikel 164 der Reichsverfassung von 1919 auch Förderung und Schutz »gegen Überlastung und Aufsaugung« vorsah. Viele Definitionsversuche bezogen sich weiterhin nur auf diesen selbständigen, gewerblichen oder ›alten‹ Mittelstand. HEINRICH PESCH z. B. verstand 1920 unter Mittelstand alle durch eigenen Betrieb wirtschaftlich selbständigen oder auf dem Wege zur Selbständigkeit befindlichen Personen in Landwirtschaft, Gewerbe und Handel. »Das Eigentum an den Produktionsmitteln vereinigt sich dabei noch mit der leitenden und zugleich ausführenden Arbeit des Betriebsinhabers.«[67]

Dennoch wurde zugleich weiter nach treffenden Abgrenzungskriterien für einen umfassenden Mittelstandsbegriff gesucht. OSCAR LEIMGRUBER (1923) grenzte den Mittelstand mit einer Reihe von Merkmalen ab, die folgendes Bild des Mittelstandes ergaben: Der Mittelstand ist »jene Klasse, deren Angehörige nicht zu den oberen, reichen Kreisen zählen, aber auch nicht auf den unteren Sprossen der sozialen Leiter stehen, sondern infolge ihrer finanziellen Verhältnisse oder ihrer Intelligenz und Bildung, ihrer beruflichen Stellung oder wirtschaftlichen Betätigung einen gewissen Einfluß im öffentlichen Leben ausüben oder über eine relative Selbständigkeit in der Gesellschaft bzw. einen mäßigen Wohlstand

---

64 Wernicke, Der Mittelstand, a. a. O., S. 4.
65 Leo Müffelmann, Die moderne Mittelstandsbewegung, Leipzig-Berlin 1913, S. 3.
66 Vgl. Winkler, a. a. O., S. 25.
67 Heinrich Pesch, Lehrbuch der Nationalökonomie, 2. Bd., 2. Aufl., Freiburg 1920, S. 324.

verfügen, jedoch in der Regel auch bei Vorhandensein von einigem Vermögen nur durch geistige oder körperliche Arbeit sich ihre Existenz dauernd sichern können«.[68]

Die wohl bekannteste Mittelstandsdefinition stammt von FRITZ MARBACH (1942), dessen Buch ›Theorie des Mittelstandes‹ zum Teil als Standardwerk zur Mittelstandsproblematik angesehen wird.[69] Für ihn gehörten alle diejenigen Bevölkerungsschichten zum Mittelstand, die weder Kapitalisten noch Proletarier (Lohnarbeiter) sind, sondern

— »in den oberen Grenzstufen über ein Gesamteinkommen verfügen, das nicht groß genug ist, um eine luxuriöse Lebenshaltung ohne Verminderung der Vermögenssubstanz bzw. der Kreditfähigkeit zu erlauben;

— im Falle der Erzielung eines proletarischen oder annähernd proletarischen Einkommens doch einer bürgerlichen Lebenshaltung zuneigen und dem drohenden Schicksalhaftigwerden ihres proletarierähnlichen Daseins zu entrinnen versuchen;

— den Grundsatz der substantiellen Unantastbarkeit des Eigentums soweit vertreten, als dieses Privateigentum als Arbeitseigentum zu werten ist;

— in allen ihren verschiedenen Spielarten einen besonderen Lebensstil wirklich oder in den unteren Grenzfällen zumindest dem Scheine nach wahren;

— einer Lebensauffassung huldigen, die bewußt oder unbewußt auf christlichen Traditionen ruht und dabei die Lehre von der Notwendigkeit des Klassenkampfes zur Förderung der sozialen Entwicklung nicht anerkannt«.[70]

Im einzelnen zählte er zum Mittelstand die selbständig Erwerbenden in Handel, Handwerk, Gewerbe und in den freien Berufen sowie die Beamten, Angestellten und »diejenigen Angehörigen der freien Berufe, welche über keine eigenen Arbeitsmittel verfügen und daher irgendwo den Arbeitsmarkt . . . betreten müssen«.[71]

Als letztes Beispiel für die Versuche, den Mittelstand anhand einiger typischer Merkmale abzugrenzen, soll schließlich noch KARL ALBRECHT (1959) zitiert werden. Mittelstandsmerkmale sind für ihn Selbständigkeit und gewerbliche Tätigkeit — eine Beschränkung auf den selbständigen Mittelstand also. Ein bestimmtes Bewußtsein, das sich im Willen zur persönlichen Freiheit, in der Anerkennung des persönlichen Eigentums, in eindeutig christlich-humaner Lebensführung sowie in einem ausgeprägten Selbstverantwortungs- und Leistungsgefühl äußert, käme als charakteristisches Mittelstandsmerkmal hinzu. Nicht zum

68 Oscar Leimgruber, Christliche Wirtschaftsordnung und Mittelstand — Ein Beitrag zum Studium der sozialen Frage, Heft 22 ›Volksbildung‹, N. F. der Stimmen aus dem Volksverein, hrsg. von A. Hättenschwiller, Luzern 1923, S. 13.
69 Vgl. Krisam, a. a. O., S. 16.
70 Marbach, a. a. O., S. 137.
71 Marbach, a. a. O., S. 189 f.

Mittelstand könnten die Inhaber von Nebenbetrieben und Kümmerbetrieben gehören; nach oben sei die Grenze durch die von einer Person noch überschaubare Betriebsgröße gezogen.[72]

1.3.1.2. Kritik

Alle diese Mittelstandsdefinitionen und Mittelstandskriterien sind nicht unumstritten. Der häufigsten Kritik, meist ideologisch motiviert, ist die begriffliche Ausdehnung des Mittelstandes über den selbständigen Mittelstand hinaus ausgesetzt. Diese Begriffswandlung wird zum Teil als Trick bürgerlicher Wissenschaft bezeichnet, der angesichts der tatsächlich schrumpfenden Zahl kleiner Selbständiger von der MARX'schen Untergangsprognose ablenken soll. Vielmehr sei es so, daß Angestellte, Beamte und Arbeiter abhängig Beschäftigte seien, denen nach wie vor lediglich die Klasse der Kapitalisten gegenüberstehe — von den ›kleinen Mittelständen‹, die der MARX'schen These entsprechend aber zerrieben werden würden, abgesehen. Sie zum Mittelstand zu zählen, sei deshalb abwegig. Indessen ist aber unverkennbar, daß sich ein erheblicher Teil der unselbständig Beschäftigten dem Mittelstand zugehörig fühlt. Durch entsprechende Verhaltensweisen, meist auch durch ökonomische Tatsachen, unterscheidet er sich von der Arbeiterschaft. Außerdem nehmen die unselbständig Beschäftigten weite Teile des ehemals selbständigen Mittelstandes in sich auf. Auch die im Zusammenhang mit der Wandlung des Mittelstandes aufgetretenen Bezeichnungen ›alter‹ und ›neuer‹ Mittelstand werden, allerdings wohl zu Recht, kritisiert. Schon WERNICKE hat darauf aufmerksam gemacht, daß der sogenannte neue Mittelstand zum Teil älter als der sogenannte alte Mittelstand ist.[73] Umgekehrt ist nicht zu übersehen, daß sich im gewerblichen Mittelstand ständig neue Geschäftszweige, wie z. B. Kfz-Reparatur und Radiohandel, bilden, so daß viele ›alte‹ Mittelständler recht ›neu‹ sind. Die Begriffe ›neu‹ und ›alt‹ sind in der Tat nur dann annehmbar, »wenn man sie in dem Sinne versteht, daß der unselbständige Mittelstand erst mit der zunehmenden Vergrößerung und Vermehrung vor allem der großen Unternehmungen besonders zahlreich ins Blickfeld trat... Unter diesem Aspekt ist es aber nicht sinnvoll und zweckmäßig, allgemein von altem und neuem Mittelstand zu sprechen; denn in der Häufigkeit des Auftretens bestimmter Gruppen liegt kein Wesensmerkmal, und nur nach diesem sollte man trennen«.[74]

---

72 Vgl. Karl Albrecht, Dem Mittelstand eine Chance, Frankfurt (Main) 1959, S. 17 ff.
73 Vgl. Wernicke, Der Mittelstand, a. a. O., S. 7.
74 Gantzel, a. a. O., S. 43.

Zu dieser Begriffskontroverse kommt hinzu, daß der ›neue‹ Mittelstand unterschiedlich abgegrenzt wurde. Für WERNICKE gehörten ihm Beamte, Angestellte, freie Berufe und die oberen Schichten der Arbeiter,[75] für MÜFFELMANN nur Beamte und Angestellte,[76] für MARBACH schließlich Beamte, Angestellte und ein Teil der freien Berufe[77] an. Es wäre daher wohl besser, die Bezeichnungen ›alter‹ und ›neuer‹ Mittelstand zu vermeiden und allenfalls von selbständigem und unselbständigem Mittelstand zu sprechen. Für die Wirtschaftspraxis empfiehlt sich, wie wir weiter unten sehen werden, eine noch andere begriffliche Unterteilung.

Was schließlich die in den Definitionsversuchen aufgeführten Mittelstandsmerkmale betrifft, so sind auch sie nicht frei von Kritik. Im einzelnen wurden genannt:
— nicht Kapitalist
— nicht Proletarier
— selbständig
— eigenes Geschäft
— Mitarbeit des Eigentümers im Betrieb
— relative Selbständigkeit in der Gesellschaft
— kleiner oder mittlerer Betrieb
— Vermögen bis 100 000 Mark
— Einkommen zwischen 1 800 und 8 000 Mark
— Einkommen zwischen 900 und 9 500 Mark
— mittleres Einkommen
— sichere Anstellung
— mittlere gesellschaftliche Stellung
— gewisser Einfluß im öffentlichen Leben
— gehobene Bildung
— bestimmte berufliche Bildung
— mäßiger Wohlstand
— bürgerliche Lebenshaltung
— besonderer Lebensstil
— christliche Lebensauffassung
— Wille zur persönlichen Freiheit
— ausgeprägtes Selbstverantwortungs- und Leistungsgefühl
— Anerkennung des persönlichen Eigentums
— Festhalten am Privateigentum.
Diese vielfältigen Merkmale lassen sich zu einigen Hauptmerkmalen zusam-

---

75 Vgl. Wernicke, Der Mittelstand, a. a. O., S. 97.
76 Vgl. Müffelmann, a. a. O., S. 74 ff.
77 Vgl. Marbach, a. a. O., S. 189 f.

menfassen. Gewissermaßen ›negatives‹ Mittelstandsmerkmal ist die Nichtzugehörigkeit zur Ober- und zur Unterschicht. Das hilft aber für ein genaueres Verständnis und eine echte Abgrenzung des Mittelstandes nicht sehr viel weiter, noch zumal, wenn Ober- und Unterschicht nicht exakt charakterisiert sind. Als ›positive‹ Mittelstandsmerkmale werden im wesentlichen Selbständigkeit, kleiner bis mittlerer Betrieb bzw. ein ebensolches Geschäft, mittleres Vermögen, mittleres Einkommen, eine gewisse gesellschaftliche Stellung, gehobene Bildung und ein besonderer Lebensstil genannt. Während Selbständige nach allen Definitionen zum Mittelstand gehören, werden Unselbständige nur zum Teil dazugezählt.

Mehr als einen ungefähren Eindruck von dem, was den Mittelstand auszeichnet, können diese Kriterien nicht vermitteln. Sie sind, wie sich leicht erkennen läßt, wenig exakt. Schon Selbständigkeit, Bildung, Lebensstil usw. stellen recht ungenaue Begriffe dar. Hinzu kommen aber die vagen Umschreibungen ›mittel‹, ›gehoben‹, ›besonderer‹ usw., die kaum geeignet sind, den Mittelstand präzise abzugrenzen. Für das Einkommen werden zwar teilweise bestimmte, doch damit zeitbedingte Spannen genannt. Insgesamt gesehen sind die Mittelstandsmerkmale wohl meist tendenziell richtig, aber doch zu weitläufig, unbestimmt und zeitgebunden.

Daß die Mittelstandsdefinitionen und ihre Merkmale nicht zu brauchbaren Ergebnissen führten, liegt zum Teil schon in dem Ansatz begründet, von dem her sie den Mittelstand abzugrenzen versuchten. Beeinflußt von der MARX'schen Mittelstandsthese wollten sie den Mittelstand aus einer Stellung zwischen zwei Extremen erklären: zwischen Reichtum und Armut, zwischen ›Kapitalisten‹ und ›Proletariern‹. Definitionen, die von einem derartig vereinfachten Gesellschaftsverständnis ausgehen, können aber kein aussagekräftiges Bild vom Mittelstand entwerfen. Es entsprach in keiner Zeitepoche der Realität.

Etwas anderes kommt hinzu: Eine Mittelstandsdefinition, die den unselbständigen und den selbständigen Mittelstand gemeinsam in Griff bekommen muß, steht vor dem Problem der Wesensverschiedenheit dieser beiden Gruppen. Diese tritt in deutlichen Interessenunterschieden zutage. So sind die Großunternehmen ein fruchtbarer Boden für den unselbständigen Mittelstand, für den selbständigen Mittelstand dagegen sowohl auf dem Leistungs- wie auf dem Arbeitsmarkt ein mächtiger Konkurrent. Großunternehmen der Erzeugungswirtschaft und des Einzelhandels werden vom selbständigen Mittelstand, der im Wettbewerb mit ihnen steht, anders beurteilt als von den vornehmlich am billigen Einkauf interessierten Unselbständigen. Schon Ende des 19. Jahrhunderts entstanden Interessengegensätze aus der Existenz der Warenhäuser. Während insgesamt der selbständige unternehmerische Mittelstand eine Einschränkung der nicht-mittelständischen Konkurrenz wünscht, hat »der arbeitnehmende Mittelstand ... nicht das geringste Interesse daran, den Ast, auf dem er sitzt, abzusägen«.[78] Dem unselbständigen Mittelstand liegt an einer fortschreitenden Sozialpolitik. Diese bringt jedoch für die kleinen Gewerbetreibenden und Kaufleute wettbewerbsbeeinflussende Kostenbelastungen.

Infolge dieser Unterschiede und der daraus erwachsenden Definitionsschwierigkeiten endeten alle Versuche, den Mittelstand als die breite Mittelschicht der Bevölkerung abzugrenzen, meist in langatmigen und unklaren Formulierungen. Willkürlich gezogene Grenzen eines mittleren Einkommens und Vermögens, berufliche Leistung, Lebensweise, soziale Stellung nicht näher erläuterter Art usw. bildeten undeutliche und mehr oder weniger an der Oberfläche bleibende Kriterien. Wichtige Mittelstandskriterien, wie z. B. die Selbständigkeit der Gruppe des gewerblichen Mittelstandes, wurden in Gesamtdefinitionen nicht verwandt, da sie sich nicht unterbringen ließen.

Bei der intensiven Beschäftigung mit der Mittelstandsproblematik wäre es wünschenswert gewesen, die Überlegungen zu einer ökonomischen Theorie des Mittelstandes zu verdichten. Mag auch der Mittelstand insgesamt ein Forschungsobjekt der allgemeinen Soziologie sein, so ist doch gleichwohl die Frage, in welcher Weise einzelne Gesellschaftsgruppen an Produktion und Einkommen beteiligt sind, als ein eminent nationalökonomisches Problem anzusehen. Überdies kann keine Mittelstandspolitik vernünftigerweise auf den theoretischen Unterbau verzichten; Wirtschaftspolitik setzt die Kenntnis von Wirtschaftstheorie voraus. Allerdings wird eine Theorie des Mittelstandes in jedem Fall »mehr sein müssen als eine rein wirtschaftlich orientierte Abhandlung«.[79]

Lange Zeit war die Nationalökonomie in ihrer Forschung nur »auf die nach außen besonders deutlich in Erscheinung tretenden Aktiv- und Passivmitglieder der freien Verkehrswirtschaft, die Kapitalisten einerseits und die Proletarier andererseits,«[80] konzentriert. »Zumindest während eines halben Jahrhunderts, etwa zwischen 1880 und 1930, haben sich prominente Nationalökonomen im wesentlichen darin erschöpft, MARX zu rechtfertigen oder aber ihn zu widerlegen.«[81] Proletariatsfrage und Kartellproblematik standen im Vordergrund. Das rührte nicht zuletzt daher, daß man sich auch an den Universitäten auf den Standpunkt stellte, der Mittelstand sei im Verlauf der kapitalistischen Entwicklung im Absterben begriffen — eine Einstellung, in der sie durch die Kassandrarufe der Mittelstandsvertreter noch bestärkt wurden. Es schien nicht lohnenswert, sich mit dem Mittelstand auseinanderzusetzen und ihm eine theoretische Fundierung zu vermitteln.

Es stellt sich allerdings auch die Frage, was für eine wirklich tragende Mittel-

---

78 Emil Grünberg, Der Mittelstand in der kapitalistischen Gesellschaft, Leipzig 1932, S. 162 f.
79 Marbach, a. a. O., S. 40 f.
80 Marbach, a. a. O., S. 41.
81 Marbach, a. a. O., S. 41 f.

standstheorie das Fundament sein könnte. Angesichts der gewaltigen gesellschaftlichen und technischen Wandlungen der letzten Jahrhunderte kann der Zunftgedanke grundsätzlich nicht ausreichend sein. Lediglich MARBACH unternahm den Versuch, mit seinem Werk ›Theorie des Mittelstandes‹ ein umfassendes Lehrgebäude zu errichten. Aber trotz des großen Umfangs ist die Arbeit, in deren Mittelpunkt die Mittelstandsdefinition steht, »meist ablehnend diskutiert worden«.[82] Ein wesentlicher Grund liegt darin, daß schon die Mittelstandsdefinition wenig exakt ist. ›Luxuriöse Lebenshaltung‹, ›proletarisches Einkommen‹, ›bürgerliche Lebenshaltung‹, ›Arbeitseigentum‹, ›besonderer Lebensstil‹ sind unbestimmte, wenig faßbare Merkmale für eine allgemein gültige Definition. Die Behauptung, nur Menschen mit einer Anschauung, die auf christlicher Tradition beruht, könnten mittelständisch sein, geht überdies zu weit; dabei handelt es sich um kein typisch mittelständisches Merkmal. Eine auf solch verschwommener und weitläufiger Definition aufbauende Theorie, die als Basis für praktische Mittelstandspolitik dienen soll, kann sich nicht als brauchbar erweisen.

Daß auch in neuerer Zeit keine Versuche zu einer Mittelstandstheorie zu verzeichnen waren, liegt sicherlich zu einem gewissen Teil an der mathematischen Richtung, die in der theoretischen Volkswirtschaftslehre der Gegenwart vorherrscht. Sie bevorzugt die Arbeit mit mathematischen Modellen. Entscheidender dürfte aber etwas anderes gewesen sein: Eine überzeugende Mittelstandstheorie ist erst dann zu erwarten, wenn eine Integration der nationalökonomischen mit der soziologischen Theorie stattfände. »Die Soziologie, die eine Erklärung des sozialen Verhaltens anstrebt, das wirtschaftliches Verhalten als Teilaspekt umfaßt, kann nämlich wichtige Impulse für die volkswirtschaftliche Theorie des Handelns liefern.«[83] Diese Integration von Nationalökonomie und Soziologie besteht aber erst in Anfängen. Der alten Forderung nach stärkerer Zusammenarbeit der beiden Disziplinen ist daher eben im Interesse des Mittelstandes zuzustimmen.

---

82 Krisam, a. a. O., S. 14.
83 Hans K. Schneider, Methoden und Methodenfragen der Volkswirtschaftslehre, in: Kompendium der Volkswirtschaftslehre, Bd. 1, 2. Aufl., Göttingen 1969, S. 14.

1.3.2. Vorwiegend soziologische Kriterien

1.3.2.1. Darstellung

Auch die Soziologie hat Untersuchungen über den Mittelstand angestellt. Die ersten entstammen den frühen dreißiger Jahren. Seit dem Zweiten Weltkrieg gedeihen Analysen vom Mittelstand in seiner Gesamtheit sogar, wie schon erwähnt, fast nur noch auf dem Feld der Soziologie.

Die Soziologie hat sich mit dem Mittelstand vor allem im Rahmen von Untersuchungen über die soziale Schichtung der Bevölkerung befaßt. Dies sind Untersuchungen über »die Rangordnung von Menschengruppen auf einer Stufenleiter der Überlegenheit, Unterlegenheit und Gleichheit auf der Grundlage irgendeiner allgemein akzeptierten Bewertung«.[84] Dazu wurden verschiedene Ansätze entwickelt. Sie kreisten alle um die Frage, welche Bewertungsgrundlage, welches Abgrenzungskriterium man für soziale Abstufungen verwenden sollte. Ausgangspunkt war die Vorstellung, daß das Strukturbild der modernen Gesellschaft nicht ein-, sondern mehrdimensional ist, daß es also nicht nur ein einziges, sondern mehrere mögliche Schichtungsmerkmale gibt.

Bei einem Teil der Schichtungsmodelle ging man vom sogenannten objektiven Ansatz aus. Hierbei wurden zur Unterscheidung sozialer Schichten objektiv feststellbare Kriterien, wie z. B. Beruf, Einkommen, Schulbildung oder Verhaltensweisen, herangezogen. Bei anderen Modellen wählte man den sogenannten subjektiven Ansatz. Diesem lag die Vermutung zugrunde, daß die Menschen wissen werden, welchen Kreisen sie zugehören und wer ihre höheren und tieferen ›Nachbarn‹ sind. Man erfragte, wie sie sich selbst, also durch Selbsteinschätzung, oder die Mitmenschen, also durch Fremdeinschätzung, in vorgegebene Ordnungsmodelle einstufen würden.

In einem geschlossenen Schichtungssystem, wie wir es in Form der Ständegesellschaft kennengelernt haben, ist jedem ein Platz fest zugewiesen. Eine andere Position zu erwerben, ist kaum möglich. Objektive Schichtungseinteilung und subjektive Selbsteinschätzung stimmen überein. Die moderne Gesellschaft weist aber ein relativ offenes Schichtungssystem auf, so daß von exakten Übereinstimmungen nicht ausgegangen werden kann. Vielmehr »stufen sich z. B. in unserer Gesellschaft sehr viele Unterschichtsangehörige — an anderen Kriterien gemessen — zu hoch ein, während viele Oberschichtsangehörige umgekehrt in ihrer Selbsteinschätzung zu tief gehen. Die Selbsteinschätzung tendiert

---

84 Dieter Claessens — Arno Klönne — Armin Tschoepe, Sozialkunde der Bundesrepublik Deutschland, 2. Aufl., Düsseldorf-Köln 1968, S. 290.

in unserer Gesellschaft zur starken Betonung der Mittelschicht, und es ist deswegen nicht erstaunlich, daß bei deren tatsächlichen Mitgliedern objektive und subjektive Einstufung am besten übereinstimmen«.[85]

Für beide Ansätze ist typisch, daß der Beruf als wichtigstes Bestimmungsmerkmal der sozialen Schichtung gilt. Den Trägern von Berufstätigkeiten und Leistungen, die unterschiedliche Intelligenz und unterschiedliches Training erfordern, werden bestimmte soziale Ränge zugewiesen — je nach ihrer Bedeutung für das Funktionieren der Leistungsgesellschaft. Andere Schichtungsmerkmale, wie Bildung, Ausbildung, Autorität, Prestige, so wird angenommen, fließen weitgehend im Merkmal ›Beruf‹ zusammen. Entsprechend begreift die Soziologie die Schichten im wesentlichen als größere Berufsgruppen, die ihrem sozialen Rang nach über-, gleich- oder untergeordnet sind. Von hierher gesehen wird speziell der Mittelstand nicht als ›Stand‹ im überkommenen Sinne verstanden, sondern als eine Reihe von Berufsschichten, deren Existenz zum Teil bis in vorindustrielle Zeit hineinreichen.[86]

THEODOR GEIGER war einer der ersten Soziologen, der 1932 die soziale Schichtung in Deutschland darstellte. Er ging von einer Berufsstatistik aus dem Jahre 1925 aus und bereitete dieses Material in drei Schritten auf. Zunächst gliederte er die Berufe nach ihrer ökonomischen, dann nach ihrer sozialen Lage und schließlich noch, was das Besondere seiner Arbeit war, nach ihrer Mentalität. GEIGER verstand darunter die geistig-seelische Disposition, die »Prägung des Menschen durch seine soziale Lebenswelt und die von ihr ausstrahlenden, an ihr gemachten Lebenserfahrungen«.[87]

Der grundlegende Gedanke seines Vorgehens war, daß »ein Bevölkerungsteil von bestimmter ökonomisch-sozialer Lage ... typisches Rekrutierungsfeld einer Schicht von bestimmter Mentalität«[88] ist, und daß von Gruppen mit gleicher Mentalität ein jeweils eigentümliches wirtschaftliches und politisches Verhalten erwartet werden darf. Er sah also die Mentalität als entscheidendes Abgrenzungsmerkmal sozialer Schichten an. Für die Gesellschaft der Weimarer Republik ermittelte er die in Übersicht 3 dargestellte Schichtungsstruktur.

Die Oberschicht der Kapitalisten umfaßte Großunternehmer, Großgrundbesitzer und Großrentner. Deren Mentalität war gekennzeichnet durch die Krise des Kapitalismus am Beginn der dreißiger Jahre. Sie erschütterte die noch zur Gründerzeit während der zweiten Hälfte des vergangenen Jahrhunderts selbstsichere

85 Der Mittelstand. Politische Einstellungen und politisches Wahlverhalten zur Bundestagswahl 1976. Eine Untersuchung des Sozialwissenschaftlichen Forschungsinstituts der Konrad-Adenauer-Stiftung, in: Mittelstands-Magazin Nr. 2 (1977), S. 22.
86 Vgl. Hansjürgen Daheim, Die Vorstellungen vom Mittelstand, in: Kölner Zeitschrift für Soziologie und Sozialpsychologie, 12 (1960), S. 328.
87 Theodor Geiger, Die soziale Schichtung des deutschen Volkes, Stuttgart 1932, S. 77.
88 Geiger, a. a. O., S. 77.

Übersicht 3
Soziale Schichtung in Deutschland 1925

Schicht-bezeichnung	Anteil in %	Zugehörige Gruppen	Mentalität
Kapitalisten	0,92	Großunternehmer, Großgrundbesitzer, Großrentner	Von der »Krise des kapitalistischen Denkens« erfaßt
Alter Mittelstand	17,77	mittlere und kleine Selbständige in Handel, Handwerk und Landwirtschaft	im Verteidigungszustand, um ihr Prestige und ihre wirtschaftliche Situation zu sichern
Neuer Mittelstand	17,95	Beamte und Angestellte (vor allem mittlere und untere)	ideologische Unsicherheit, uneinheitliche Mentalität
Proletaroide	12,65	»abgeglittener alter Mittelstand«, »Tagewerker für eigene Rechnung«	uneinheitliche Mentalität, »Nationalsozialisten, Stahlhelm, Zentrum und Kommunisten teilen sich in diese Masse . . .«
Proletariat	50,71	Arbeiter in Industrie und Landwirtschaft	gemilderte marxistische Mentalität

Quelle: Theodor Geiger, Die soziale Schichtung des deutschen Volkes, Stuttgart 1932, S. 73 ff.

Haltung eines großen Teils dieser Schicht und ließ den Schichtkern erheblich schrumpfen.

Die Unterschicht der Proletarier bildeten die Arbeiter in Landwirtschaft und Industrie, deren Lebenshaltung sich zwischen äußerstem Hungerleben und gesetzter Bürgerlichkeit bewegte. »Das Interesse an möglichst hoher Bewertung der Ware Arbeit und an Sicherung gegen Unfall, Alter und Erwerbsausfall (Gewerkschaft und Sozialpolitik) ist ihnen über die Schattierungen des weltanschaulichen und parteipolitischen Bekenntnisses gemein.«[89]

Zwischen diesen beiden Polen befand sich gut ein Drittel der Bevölkerung, der Mittelstand. Der ›alte‹ Mittelstand wurde von den kleinen Selbständigen aus

89 Geiger, a. a. O., S. 96.

Handel, Handwerk und Landwirtschaft gebildet. Ständische Sitte und Lebens-auffassung fanden sich hier weitgehend erhalten. Aufgrund der großen Zahl mithelfender Familienangehöriger, insbesondere in der Landwirtschaft, war die Familie noch Produktionseinheit; Familien- und Heimkultur bestimmten den Lebensstil, wie überhaupt die Kultur der frühkapitalistischen Gesellschafts-epoche trotz aller modernen Einflüsse noch fortlebte. Wirtschaftliche Bedräng-nis und, eher noch stärker, Verlust des gesellschaftlichen Prestiges kennzeich-neten die Lage des ›alten‹ Mittelstandes. Einige waren schon so weit abgeglitten, daß sie als Proletaroide bezeichnet werden mußten. Vielfach noch an Werten und Normen vorindustrieller Zeit hängend und daher den Anforderungen der hochindustrialisierten Gesellschaft nicht mehr gewachsen, standen sie nach Ein-kommen und Lebenshaltung oft schlechter da als die Industriearbeiter. Insge-samt war die Mentalität des ›alten‹ Mittelstandes von einer Verteidigungshal-tung geprägt, die sich auf die Sicherung des gesellschaftlichen Prestiges und der wirtschaftlichen Situation richtete. Der Schwund seines sozialen Gewichtes ließ den ›alten‹ Mittelstand seine wirtschaftlichen Schwierigkeiten häufig noch schwärzer sehen als sie waren.

Den ›neuen‹ Mittelstand bildeten die Beamten, Angestellten und freien Berufe. Die Beamten waren objektiv, von ihrer ökonomischen Lage her gesehen, nur zu 80 % diesem ›neuen‹ Mittelstand zuzurechnen. Subjektiv fühlten sich ihm aber wegen der von ihnen mitvertretenen staatlichen Machtfülle alle zugehörig. Dieser Machtanteil wurde desto eifriger als Prestige zur Schau getragen, je schlechter die Stellung des einzelnen Beamten nach Besoldungsrang und inner-dienstlicher Funktion war. Bei den freien Berufen bestand die Kluft zwischen objektiver und subjektiver Zurechnung ebenfalls. Während sie nach objektiven Maßstäben zu den Selbständigen zählten, fühlten sie sich selbst keineswegs ihnen zugehörig, sondern als eigener Stand der Gebildeten. »Für die Mentalität ist eben die Art des Einkommens weniger ausschlaggebend als die Frage, wer mit wem am Stammtisch sitzt«;[90] dies waren eher Arzt und Anwalt als Arzt und Klempner. Die Angestellten schließlich bezogen ihre Mentalität zum gro-ßen Teil von der der Beamten. Sie befanden sich aufgrund des Büros als Berufs-ort in äußerer Verwandtschaft mit ihnen, »und am Begriff des Beamtentums haftet die Vorstellung des Bildungsstandes, dessen Prestige der Angestellte für sich in Anspruch nimmt, um sich rangmäßig vom Arbeiter zu distanzieren«.[91] Insgesamt war die Mentalität dieses ›neuen‹ Mittelstandes aufgrund des neuen sozialen Standorts im Gesellschaftsgefüge noch uneinheitlich und unsicher.

Wie die Herausstellung der Mentalität als Abgrenzungskriterium bei GEIGER bereits zeigt, ging die Soziologie in den dreißiger Jahren davon ab, »wenn über

90 Geiger, a. a. O., S. 99.
91 Geiger, a. a. O., S. 104.

Klassenlagen und Klassenstruktur der Gesellschaft reflektiert wurde, nur die Stellung der Menschen im Verhältnis zu den Produktionsmitteln und beim Austausch von Gütern auf dem Markte zu analysieren. Über die Zugehörigkeit zu einer Klasse sollten letztlich die subjektiven Empfindungen und Einschätzungen gesellschaftlicher Phänomene durch die betreffenden Personenkreise selbst entscheiden«.[92] Dementsprechend sah auch EMIL GRÜNBERG 1932 das gemeinsame Abgrenzungsmerkmal von selbständigem und unselbständigem Mittelstand nicht im ökonomischen Bereich, sondern im Zugehörigkeitsgefühl und Standesbewußtsein. »Mittelständler ist, wer sich als solcher fühlt . . . , ungeachtet seiner wirtschaftlichen Situation.«[93]

Eine ähnliche Tendenz ist bei HEINZ KLUTH zu erkennen, der nach dem Zweiten Weltkrieg (1957) Abgrenzungskriterien des Mittelstandes beschrieb. Auch nach seiner Überzeugung müssen es »andere als nur ökonomische Faktoren gewesen sein, die Gruppen von so unterschiedlicher ökonomischer Struktur wie z. B. die kleineren und mittleren Gewerbetreibenden und Kaufleute, die freischaffenden Akademiker und Künstler, die Beamten und Angestellten als eine, wenn auch noch so weitläufige Einheit haben erscheinen lassen«.[94]

Solche Faktoren sind seiner Meinung nach zum einen ein »berufsorientiertes gesellschaftliches Selbstverständnis . . . , das sich vor allem in dem politischen, gesellschaftlichen und wirtschaftlichen Verhalten der Gruppenmitglieder ausdrückt«.[95] Es entspringt weniger dem durchgängigen Gefühl einer inneren Gemeinsamkeit als dem des Andersseins gegenüber der kapitalistischen Umwelt. ›Positive‹ Gemeinsamkeiten bestehen immerhin im Gedanken der Selbständigkeit sowie dem einer an die Qualifikation der Person gebundenen Existenz- und Lebenssicherung.

Der zweite Faktor ist ein nicht-proletarischer und nicht-kapitalistischer Zuschnitt der Lebensführung. Er spielte »von Anfang an neben dem der Selbständigkeit die entscheidende Rolle bei der Formierung des Mittelstandes«.[96] Erst bei der Diskussion um den unselbständigen Mittelstand, insbesondere die soziale Zugehörigkeit der Angestellten, trat er jedoch mehr in den Vordergrund der Argumentation.

Als Mittelstandsmerkmale erscheinen also bei KLUTH ein bestimmtes Selbstverständnis und Verhalten sowie ein bestimmter Zuschnitt der Lebensführung.

Eine breit angelegte empirische Untersuchung der sozialen Schichtung in der

---

92 Günter Hartfiel, Gibt es noch einen Mittelstand?, in: Gegenwartskunde 2 (1969), S. 141.
93 Grünberg, a. a. O., S. 166.
94 Heinz Kluth, Gestaltwandel des Mittelstandes, in: Zeitschrift für die gesamte Staatswissenschaft, 113. Bd. (1957), S. 257.
95 Kluth, a. a. O., S. 257.
96 Kluth, a. a. O., S. 258.

Bundesrepublik Deutschland führte Ende der fünfziger Jahre ERWIN K. SCHEUCH[97] durch. Er befragte eine repräsentative Auswahl von Menschen über verschiedene Kennzeichen ihrer wirtschaftlichen Lage, ihrer Berufszugehörigkeit und ihres kulturellen Niveaus, wie z. B. Einkommen, Pro-Kopf-Einkauf des Haushalts, Wohnraum pro Person, Beruf, Besitz bestimmter Sachgüter, Lesen, Theaterbesuch und Schulbildung. Für sein endgültiges Schichtungsmodell konzentrierte er die Befragung dann auf die drei seiner Meinung nach wichtigsten Merkmale, nämlich den Beruf des Haupternährers, wobei vom ungelernten Arbeiter über den kleinen Landwirt bis zum führenden Selbständigen 17 Berufskategorien unterschieden wurden, das persönliche monatliche Nettoeinkommen des Haupternährers — zwölf Einkommensstufen von unter 150 DM bis über 2 000 DM — und die Schulbildung — elf Stufen von unvollständiger Volksschulbildung bis abgeschlossener Hochschulbildung. Für jedes der bei den Befragten angetroffenen Merkmale gab es eine bestimmte Punktzahl, wodurch die Befragten nach Addition ihrer Punkte in eine vorher ausgearbeitete und in verschiedene Schichten untergliederte Punkteskala eingeordnet werden konnten. Das so entstehende Schichtungsbild hatte folgendes Aussehen:

Oberschicht	(50 und mehr Punkte)	2 %
Obere Mittelschicht	(40 bis 49 Punkte)	5 %
Mittlere Mittelschicht	(30 bis 39 Punkte)	12 %
Untere Mittelschicht	(23 bis 29 Punkte)	17 %
Obere Unterschicht	(15 bis 22 Punkte)	30 %
Untere Unterschicht	(0 bis 14 Punkte)	16 %
Nicht eingeordnet		18 %

In Prozenten der Eingeordneten ergab dies folgende Besetzungszahlen:

Oberschicht	2,5 %
Obere Mittelschicht	6,1 %
Mittlere Mittelschicht	14,6 %
Untere Mittelschicht	20,7 %
Obere Unterschicht	36,6 %
Untere Unterschicht	19,5 %

Gut 41 % der Bevölkerung zählten also zu den Mittelschichten, 56 % zu den Unterschichten und knapp 3 % zur Oberschicht. Mittelstandskriterien sind hier lediglich Punktzahlen; sie grenzen den Bereich von der unteren bis zur oberen Mittelschicht (23—49 Punkte) ab.

Weiter als dieses Schichtungsmodell führt das von HARRIETT MOORE und GER-

---

97 Erwin K. Scheuch, Sozialprestige und soziale Schichtung, in: Soziale Schichtung und soziale Mobilität, Kölner Zeitschrift für Soziologie und Sozialpsychologie, Sonderh. 5 (1961), S. 65—103.

HARD KLEINING[98] aus der gleichen Zeit. Es ist stärker differenziert und läßt erkennen, aus welchen Bevölkerungsteilen die einzelnen Schichten tatsächlich bestehen. Außerdem gibt es Merkmale des Verhaltens einzelner Schichten wider, so auch des Mittelstandes. Erstellt wurde es nach dem Prinzip der sozialen Selbsteinschätzung. MOORE/KLEINING befragten einen repräsentativen Querschnitt der deutschen Bevölkerung, wie er sich selbst in eine Skala vorgegebener Berufsgruppen einstufen würde. Jeder Befragte sollte denjenigen Beruf auswählen, der seinem eigenen im Hinblick auf Tätigkeit, Ansehen, Bezahlung, Verantwortung usw. am ähnlichsten wäre. Auf diese Weise erhielten MOORE/KLEINING das folgende Schichtungsbild:

Oberschicht	1 %
Obere Mittelschicht	5 %
Mittlere Mittelschicht	15 %
Untere Mittelschicht	30 %
(nichtindustriell)	(17 %)
(industriell)	(13 %)
Obere Unterschicht	28 %
(nichtindustriell)	(10 %)
(industriell)	(18 %)
Untere Unterschicht	17 %
Sozial Verachtete	4 %

Der Oberschicht rechneten sich die Inhaber großer Unternehmen und Menschen in Prestigeberufen aus Wirtschaft, Politik und Rechtswesen mit sehr hohen Einkünften zu.

Zur Gruppe der oberen Mittelschicht gehörten leitende Angestellte großer und mittlerer Unternehmen — z. B. Direktoren und Abteilungsleiter —, höhere Beamte — z. B. Schuldirektoren —, Professoren und freie Berufe mit Universitätsausbildung — z. B. Rechtsanwälte, Fachärzte. »Leistung, Wissen und Macht sind hier vielleicht am ehesten miteinander verbunden.«[99]

In die mittlere Mittelschicht hatten sich mittlere Angestellte — z. B. Bürovorsteher, Ingenieure —, mittlere Beamte — Beamte des gehobenen Dienstes, z. B. Polizeiinspektoren, Fachschullehrer —, mittlere Geschäftsinhaber und Angehörige freier Berufe ohne Universitätsausbildung — z. B. Krankengymnasten — eingeordnet, also Spezialisten mit ausgeprägten Fachkenntnissen in einem begrenzten Aufgabenbereich eigener Verantwortung.

Die breiteste Schicht bildete die untere Mittelschicht, der sich von den ›nichtindustriellen‹ Berufen die unteren Angestellten und unteren Beamten — Beamte

98 Harriett Moore — Gerhard Kleining, Das soziale Selbstbild der Gesellschaftsschichten in Deutschland, in: Kölner Zeitschrift für Soziologie und Sozialpsychologie, 12 (1960), S. 86—119.
99 Claessens, a. a. O., S. 296.

des mittleren Dienstes —, wie z. B. ausführende Bankangestellte, Postsekretäre, Buchhalter und Vertreter, zugehörig fühlten, ferner Handwerksmeister mit kleinen eigenen Betrieben (Maler, Friseure) und Einzelhändler. Von den ›industriellen‹ Berufen war es die Spitzengruppe der häufig schon zu Angestellten avancierten Arbeiter, insbesondere Werkmeister, Maschinenmeister und Montagearbeiter mit Sonderausbildung.

Nur unwesentlich kleiner war die obere Unterschicht, der auf ›nichtindustrieller‹ Seite die untersten Angestellten und untersten Beamten (wie z. B. Büroboten, Kellner, Krankenpfleger), die Handwerksgesellen und die Inhaber ganz kleiner Geschäfte (Kleinsthändler) angehörten. Auf ›industrieller‹ Seite war der größte Teil der Industriearbeiter zu finden, etwa Elektroschweißer, Eisengießer, Dreher, Maschinenschlosser und Stanzer.

Die untere Unterschicht schließlich bestand aus Berufen mit harter körperlicher, zum Teil im Freien stattfindender Arbeit, wie Bauarbeitern, Landarbeitern und Hafenarbeitern.

Am Ende der Schichtungsskala, als ›sozial Verachtete‹, sahen sich Hilfs- und Gelegenheitsarbeiter, Handlanger sowie Berufe mit sehr schmutziger und schwerer Arbeit, z. B. Kanalarbeiter.

In diesen sozialen Schichten sind verschiedene Ansichten, Verhaltensweisen und Einstellungen zum Beruf anzutreffen. Sie werden, insbesondere auch in bezug auf den uns interessierenden Mittelstand, von MOORE/KLEINING beschrieben und sind in Übersicht 4 zusammengefaßt dargestellt.

Die Angehörigen der oberen Mittelschicht kennzeichnet, daß sie sich in leitenden Positionen sehen, in denen sie wichtige Entscheidungen zu fällen haben. Ihre Identifikation mit dem Beruf ist stark. Sie sind aktiv, praktisch und strebsam, energisch und dynamisch Neues und Schwieriges anpackend. Sie reden gerne mit anderen Menschen, sind am Meinungsaustausch interessiert und nehmen am gesellschaftlichen und kulturellen Leben regen Anteil. Ihr Auftreten ist aufgrund ihrer Bildung und Lebenserfahrung gewandt. Optimismus und Vertrauen in die eigene Leistung beherrschen ihr Leben.

Die Mitglieder der mittleren Mittelschicht sehen sich in der Mitte der sozialen Schichtung, aber noch über dem Durchschnitt der Bevölkerung plaziert. Die Unselbständigen unter ihnen fühlen sich als ausführende Organe gesetzlicher oder betrieblicher Vorschriften, als Repräsentanten anonymer Institutionen, von denen sie ihr Ansehen beziehen. Ihre Rolle ist nicht an die eigene Person gebunden, sondern an eine Institution, an Regeln, Anordnungen, Gesetze und standardisierte Vorgänge. Bei ihnen sind Genauigkeit, Strebsamkeit, Zuverlässigkeit, Ehrlichkeit und Ordnung, auch im Zeitlichen, anzutreffen.

In der unteren Mittelschicht herrscht bei dem ›nichtindustriellen‹ Teil das Bewußtsein, zum ›einfachen, aber guten Mittelstand‹ zu gehören. Man rechnet sich zum soliden, treuen Bürgertum. Dennoch wird die soziale Lage als angreif-

Übersicht 4
*Selbstbild der Angehörigen verschiedener Statusgruppen in der Bundesrepublik Deutschland**

Lage der Gruppe im Statusaufbau	Selbstzugeschriebene Merkmale
Oben	Machtgefühl; elitäres Selbstbewußtsein; Individualismus; »ausgeprägt gute Umgangsformen«; internationale Orientierung; Bindung an das »Grundsätzliche«; Konservatismus
Obere Mitte	Starke Berufs- und Fachorientierung; Erfolgsstreben; Optimismus; Selbstbewußtsein; Energie und Dynamik; Ziel, die Welt aufzubauen und zu verbessern
Mittlere Mitte	»Bürgerliche« Einstellung; Bindung an Institutionen und Ordnung; Amtsbewußtsein; Betonung von »Pünktlichkeit, Treue, Strebsamkeit, absoluter Zuverlässigkeit und Ehrlichkeit«; Akzentuierung der Details
Untere Mitte nicht techn.-industriell	Mittelstandsbewußtsein; soziale Verteidigungsstellung mit Front vor allem gegenüber der aufstrebenden Arbeiterschaft; Gefühl der Schwäche und der Bedrohung; Unzufriedenheit; starkes Sicherheitsstreben mit restaurativen Tendenzen
technisch-industriell	Gefühl, »normale Menschen« zu sein, und zwar in Mittelstellung, als »Fachleute«, »zwischen Chef und Arbeitern«; Identifikation mit Betrieb und Technik im allgemeinen; Züge von »Direktheit, Selbstvertrauen und offenem Optimismus«
Oberes Unten nicht techn.-industriell	Unklares Gesellschaftsbild; relativ kontaktarm; die »anderen« stören ihre Ordnung und Funktion; konkrete Bindung an die Objekte ihres Berufs
technisch-industriell	Selbstbild des »einfachen Menschen«, aber »betont männlich«; ihre Aufgabe: eine »gefährliche Welt von Objekten« (Maschinen, Metalle, Gase etc.) zu meistern; »Realismus«; starke Identifizierung mit Industrie; von daher selbstbewußter Glaube an die Zukunft
Unteres Unten	»Rauhe, verschlossene und robuste Männlichkeit«; starke Bindung an den kleinen Kreis der »Kameraden«; Empfindung eines sozialen Drucks von oben; bei ständiger physischer Konfrontation mit den Kräften der Natur Ausbildung eines Pioniergefühls: »Der Arbeiter, egal, was er arbeitet, ist das Fundament des Staates«
Sozial Verachtete	Selbstbild des »armen Schluckers«, der von den »anderen« nicht akzeptiert und überall herumgestoßen wird; Minderwertigkeitsgefühle; soziale Isolation; Aggressivität

* Nach Harriett Moore und Gerhard Kleining.
Quelle: Karl Martin Bolte – Dieter Kappe – Friedhelm Neidhardt, Soziale Ungleichheit, 4. Aufl., Opladen 1975, S. 100.

bar empfunden. Über sich sehen sie Menschen mit größerem Prestige und anscheinend gesicherter Position, neben und unter sich die aufstrebende Schicht der Facharbeiter. Im ›industriellen‹ Teil der unteren Mittelschicht, der an der Spitze der Hierarchie der Industriearbeiter steht, ist demgegenüber die Grundeinstellung positiv und weist Züge von Selbstvertrauen und Optimismus auf. Diese Menschen fühlen sich als Fachleute und in gesicherter Position. Gemeinsam sind der unteren Mittelschicht Gewissenhaftigkeit, Ordnung, Betonung der Moral, Verantwortungsgefühl, Besitzorientierung und Sicherheitsstreben.

Für den gesamten Mittelstand werden darüber hinaus bestimmte Arten des politischen Verhaltens, insbesondere »die Tugend des Gemäßigten, die Leistung des Ausgleichs und die Funktion der gesellschaftlichen Stabilisierung«[100] als kennzeichnend angesehen. Wie Erfahrungen der Vergangenheit gezeigt haben, war dies nicht immer so. Augenblicklich kann die Ausgleichs- und Stabilisierungsleistung jedoch als relativ hoch veranschlagt werden. »Allerdings liegt diese Funktion hauptsächlich im ›neuen‹ Mittelstand der Angestellten und Beamten.«[100] Im ›alten‹ Mittelstand entziehen die »fortschreitende Technisierung sowie die u. a. damit zusammenhängenden Tendenzen einer wirtschaftlichen Konzentration . . . einer ganzen Reihe von besitzständischen Kleinexistenzen ihre Rentabilitätsbasis und lösen bei den Betroffenen Unsicherheit, Unzufriedenheit und Aggressionen aus«.[100]

Typische Verhaltensweisen des Mittelstandes werden nicht zuletzt in einer starken Aufstiegsorientierung gesehen. Aufstieg verlangt die Einhaltung gesellschaftlicher Regeln, Konformität eines Menschen mit den Normen seiner Gruppe. Deshalb sind im Mittelstand Ordentlichkeit und Korrektheit Werte mit hohem Rang. Das Aufstiegsstreben kommt darüber hinaus in einer ›Vertagung der unmittelbaren Bedürfnisbefriedigung‹ zum Ausdruck. Für eine bessere Zukunft wird Konsumverzicht heute auf sich genommen, die Sparleistung liegt über dem Durchschnitt der Gesamtbevölkerung (vgl. Tabelle 12). Für sich selber und die Kinder wird eine lange und gründliche Ausbildung vorgesehen. Nach Befragungen von RAYMUND KRISAM, ebenfalls in den späten fünfziger Jahren durchgeführt, werden Fleiß, Sparsamkeit und gute Bildung von der Bevölkerung durchweg auch als die besonders kennzeichnenden Merkmale des Mittelstandes angesehen — noch vor einem mittleren Einkommen und wirtschaftlicher Selbständigkeit.[101]

Vergleicht man das Schichtungsmodell von MOORE/KLEINING mit dem von SCHEUCH (vgl. Übersicht 5), so zeigt sich *eine* weitgehende Übereinstimmung: Der Schichtungsaufbau weist die Form einer Zwiebel auf — mit einer breiten,

100 Bolte, Soziale Ungleichheit, a. a. O., S. 125.
101 Vgl. Krisam, a. a. O., S. 323.

Tabelle 12

Ausstattungsgrad der Bevölkerung in der Bundesrepublik Deutschland mit Geldanlagen 1974

	Insgesamt	Selbständige, freie Berufe, Landwirte	davon leitende Angestellte und Beamte im höheren Dienst	qualifizierte Angestellte und Beamte im gehobenen Dienst
	%	%	%	%
Sparkonto	84	88	92	89
Prämienbegünstigter Sparvertrag	45	30	58	63
Lebensversicherung	42	60	61	60
Bausparvertrag	30	48	47	44
Haus- und Grundbesitz	25	57	32	29
Sparbriefe	4	5	15	6
Festverzinsliche Wertpapiere	8	11	24	15
Aktien	7	13	23	11
Investmentanteile	3	5	12	4
Anteile an Grundstücksfonds	1	2	5	1

Quelle: Gesellschaft für Konsum-, Markt- und Absatzforschung e. V., Nürnberg.

etwas nach unten verlagerten Mitte sowie nach oben spitz und nach unten stumpf zulaufenden Enden (siehe Abbildung 3). Wo bei dieser Zwiebel die Grenzlinien des Mittelstandes verlaufen, wer also innerhalb unserer Gesellschaft den Mittelstand darstellt, ist allerdings kontrovers, insbesondere hinsichtlich der Ausdehnung nach unten. Bei SCHEUCH umfassen die obere, mittlere und untere Mittelschicht 41 %, bei MOORE/KLEINING 50 % der Bevölkerung. Dieser Unterschied resultiert offenbar aus einer unterschiedlichen Zuordnung von Arbeitern. SCHEUCH rechnet der Mittelschicht weniger Arbeiter zu als MOORE/KLEINING.

Einen Beitrag zur Abgrenzung des Mittelstandes lieferte schließlich auch noch 1960 HANSJÜRGEN DAHEIM.[102] Im Rahmen einer empirischen Untersuchung be-

102 Daheim, a. a. O., S. 237–275.

Übersicht 5
Verteilung der Bevölkerung der Bundesrepublik Deutschland im Statusaufbau

Untergliederung des Statusaufbaus	Scheuch in % der Eingeordneten	Moore/Kleining in % der Eingeordneten	Untergliederung des Statusaufbaus	
Oberschicht (50 und mehr Punkte)	2,5	1	z. B. Großunternehmer, Spitzenfinanz, Hochadel, Spitzenpolitiker	
Obere Mittelschicht (40—49 Punkte)	6,1	5	z. B. leitende Angestellte und Beamte, Professoren, Ärzte, Richter, Rechtsanwälte	
Mittlere Mittelschicht (30—39 Punkte)	14,6	15	z. B. mittlere Angestellte und Beamte, Elektroingenieure, Fachschullehrer, mittlere Geschäftsinhaber, Apotheker	
Untere Mittelschicht (23—29 Punkte)	20,7	17 13 (30)	z. B. untere Angestellte und Beamte, Malermeister, Friseurmeister, Kleinhändler	z. B. Werkmeister, höchstqualifizierte Arbeiter
Obere Unterschicht (15—22 Punkte)	36,6	10 18 (28)	z. B. unterste Angestellte und Beamte, Kellner, Fleischergesellen, Kleinsthändler	z. B. qualifizierte Industriearbeiter (auch qualifizierte angelernte)
Untere Unterschicht (0—14 Punkte)	19,5	17	z. B. Straßenarbeiter, Landarbeiter, Matrosen, harte Arbeit, z. T. im Freien	
Sozial Verachtete		4	z. B. Handlanger	

Quelle: Karl Martin Bolte — Dieter Kappe — Friedhelm Neidhardt, Soziale Ungleichheit, 4. Aufl., Opladen 1975, S. 97.

Abbildung 3
Soziale Schichtung in der Gesellschaft der Bundesrepublik Deutschland*

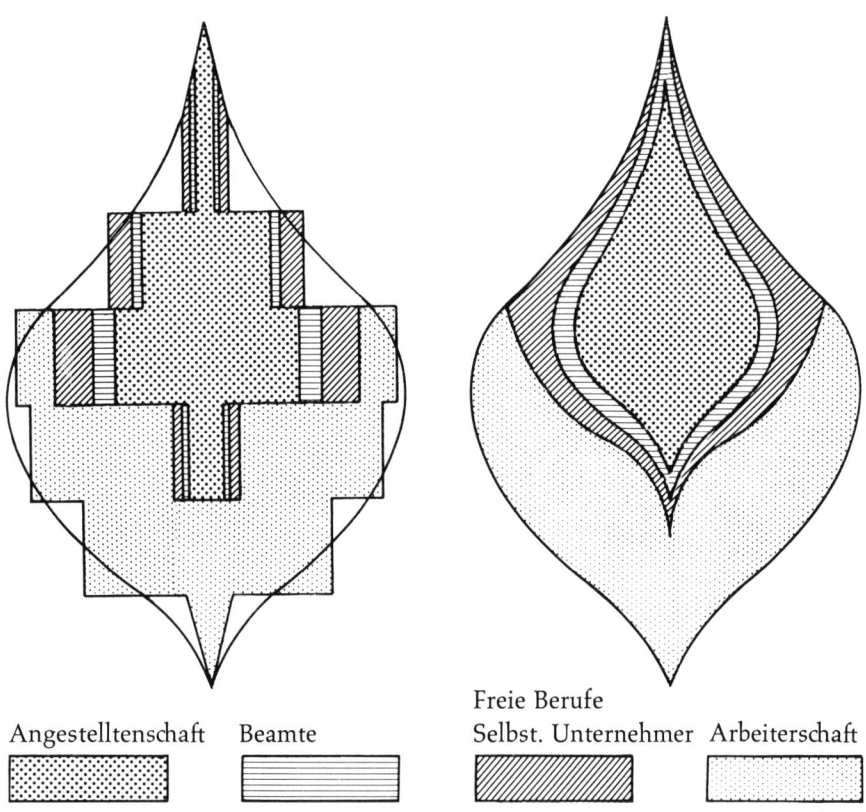

Freie Berufe
Angestelltenschaft   Beamte   Selbst. Unternehmer   Arbeiterschaft

* Nach Harriett Moore und Gerhard Kleining.
Quelle: DAG, Gesellschaft und Beruf. Angestellte in der Leistungsgesellschaft, Hamburg 1967, S. 34.

fragte er eine repräsentative Auswahl von un- und angelernten Arbeitern, Facharbeitern, unteren Angestellten und Beamten sowie höheren Berufen — leitende
Angestellte und Beamte, Freiberufler, Unternehmer —[103] über ihre Vorstellungen vom Mittelstand. Es ging ihm also nicht darum, Mittelstandsmerkmale in
bezug auf Einkommen, Besitz- und Vermögensverhältnisse, Ausbildung etc.
herauszufinden, sondern er fragte »nach den Vorstellungen, die sich die Bevölkerung vom eigenen Standort im gesellschaftlichen Gefüge und dem anderer
Personen und Gruppen macht«.[104]

103 Landwirte und Landarbeiter bezog er nicht ein.
104 Daheim, a. a. O., S. 238.

68

Für den überwiegenden Teil der Bevölkerung steht dieser Untersuchung zufolge »der Mittelstand zwischen einer oberen und einer unteren Schicht; er umfaßt also alle Schichten in der Mitte des gesellschaftlichen Gefüges«.[105] Nach Berufsgruppen betrachtet, sind es die mittleren kaufmännischen und technischen Angestellten, die mittleren Beamten sowie die kleinen und mittleren Selbständigen, wie z. B. Schneidermeister, Werkmeister, Bilanzbuchhalter, Lehrer, Stadtinspektor und Lebensmitteleinzelhändler. »Da es sich ausschließlich um Berufe handelt, die man seit 50 Jahren als den ›alten‹ und den ›neuen‹ Mittelstand zu bezeichnen pflegt, könnte man sie . . . in etwa mittelständische Berufe nennen.«[106]

Sowohl die Bevölkerung als auch sie selbst ordnen sich in der gesellschaftlichen Mitte ein. »Dabei bezeichnen die Selbständigen ihren sozialen Standort häufiger als ›Mittelstand‹ als die Unselbständigen, die häufiger die Berufskategorien ›Angestellte‹ und ›Beamte‹ wählen.«[107] Die unteren Angestellten und Beamten zählen sich selbst auch zur gesellschaftlichen Mitte, werden aber von der Bevölkerung als zwischen der unteren und der mittleren Schicht stehend bezeichnet. Ähnlich ist es mit den höheren Berufen. Sie ordnen sich häufiger der gesellschaftlichen Mitte als der gesellschaftlichen Spitze zu, werden aber von der Bevölkerung stärker zu der letzteren gerechnet. Die Arbeiterschaft in ihrer Gesamtheit wird von der Bevölkerung nicht zur Mittelschicht gezählt und zählt sich mehrheitlich auch selbst nicht dazu. Facharbeiter allerdings sehen sich durchaus als Mitglieder der gesellschaftlichen Mitte.

Wie DAHEIMS Arbeit zeigt, wird unter ›Mittelstand‹ häufig nur etwas sehr Spezielles verstanden. Man meint nur einen bestimmten Ausschnitt der gesellschaftlichen Mitte. Hier dürfte der Schlüssel für viele Mißverständnisse und Unklarheiten über den Mittelstandsbegriff liegen. Als Mittelstand werden, offenbar in Anlehnung an den Begriffsinhalt vergangener Jahrhunderte, überwiegend nur die kleinen und mittleren Selbständigen aus Handwerk, Handel und Gewerbe angesehen. Auf diesen Kreis scheint auch die Mittelstandspolitik der Bundesregierung beschränkt zu sein.[108] Nicht zuletzt die Selbständigen selbst verstehen sich als *den* Mittelstand. Anläßlich einer Befragung im Jahre 1976 wählten 32 % von ihnen den Begriff ›Mittelstand‹, 25 % den Begriff ›Mittelschicht‹ und der Rest andere Begriffe zur Bezeichnung des eigenen sozialen Standorts.[109] »›Mittelstand‹ scheint (demnach) als Schichtbezeichnung vorwiegend den ›alten‹ Mittelstand zu meinen, also eine Reihe von Berufs-

105 Daheim, a. a. O., S. 244.
106 Daheim, a. a. O., S. 250.
107 Daheim, a. a. O., S. 258.
108 Vgl. Bericht der Bundesregierung über Lage und Entwicklung der kleinen und mittleren Unternehmen (Mittelstandsbericht). Bundestags-Drucksache 7/5248 vom 21. 5. 1976.
109 Vgl. Der Mittelstand, a. a. O., S. 24.

gruppen, die größtenteils schon in der vorindustriellen Gesellschaft Mittelstand waren und sich bis heute behauptet haben.«[110]

1.3.2.2. Kritik

Was die von der Soziologie herausgearbeiteten Mittelstandsmerkmale betrifft, so ist mit ihnen eine exakte Antwort auf die Frage, wen heute der Mittelstand umfaßt und was ihn charakterisiert, offenbar nicht möglich. Mentalitäten, wie die von GEIGER beschriebenen, mögen zwar wesensmäßige Grundzüge des Mittelstandes andeuten, können aber kaum zu einer Abgrenzung, die in der Wirtschaftspraxis verwendbar wäre, dienen. Dazu sind sie zu wenig genau. Auch ist fraglich, ob die beschriebenen Mentalitäten von zeitloser Gültigkeit, also noch heute anzutreffen sind. Inwieweit sie überhaupt in den dreißiger Jahren zutrafen, steht noch dahin, denn GEIGER schränkte selbst ein, keine abschließenden Ergebnisse liefern zu können, da eine exakte Erforschung der Mentalitäten empirisches Material in großer Fülle über »Lebenshaltung, Gewohnheiten des Konsums und der sonstigen Lebensgestaltung, Freizeitverwendung, Lesegeschmack, Formen des Familienlebens und der Geselligkeit«[111] voraussetzen würde. Sie zusammen ergäben einen bestimmten Typ der Lebensführung, und dieser sei Ausdruck der Mentalität.

Auch die Erkenntnis, daß der Mittelstand durch bestimmte Verhaltensweisen charakterisiert ist, hilft für eine praktikable Abgrenzung wenig. Bei KLUTH blieb die Ausprägung mittelstandstypischen Verhaltens undeutlich. Die von MOORE/KLEINING aufgeführten Verhaltensweisen knüpfen an ein bestimmtes Schichtungsmodell an, das, wie die Existenz anderer Schichtungsmodelle zeigt, in seinen Unterteilungen recht willkürlich ist. Das Modell von SCHEUCH beschränkt sich darauf, einen Eindruck von der Größe des Mittelstandes bzw. der Mittelschichten zu geben. Welches seine Abgrenzungsmerkmale sind, wodurch sich der Mittelstand gegen die anderen sozialen Schichten abgrenzt, bleibt unklar.

DAHEIM liefert überhaupt keine Abgrenzungsmerkmale für den Mittelstand, objektive Kriterien, nach denen man die mittlere Gesellschaftsschicht von anderen Schichten der Bevölkerung abgrenzen könnte. Auch er kann nicht genau sagen: von da bis da reicht der Mittelstand. Insbesondere an den ›Rändern‹ der mittleren Gesellschaftsschicht wird es unklar, ob bestimmte Berufsgruppen zum Mittelstand gehören oder nicht. Hier bietet sich durch die starke soziale Mobilität unserer Gesellschaft ein schwer überschaubares Bild.

---

110 Daheim, a. a. O., S. 268.
111 Geiger, a. a. O., S. 80.

Davon ist einmal die Frage der Mittelstandszugehörigkeit von Teilen der Arbeiterschaft betroffen, die Abgrenzung des Mittelstandes nach ›unten‹. Manches deutet darauf hin, daß ein Teil der Arbeiter sowohl der objektiven Lage als auch der subjektiven Selbstzuordnung wegen in jedem Fall als Glied des Mittelstandes anzusehen ist. So zeigten ja die Untersuchungen von MOORE/KLEINING und von DAHEIM, daß sich ihm schon Anfang der sechziger Jahre die Facharbeiter selbst zugehörig fühlten — und »wer sich selbst dem Mittelstand zurechnet, der gehört ihm auch an«.[112] Hinzu kommt, daß die Arbeiter, wie eine Befragung von ELISABETH NOELLE-NEUMANN[113] aus den frühen siebziger Jahren ergeben hat, mittlerweile in bezug auf Besitz und Sicherheit praktisch einen bürgerlichen Lebensstandard erreicht haben und daher auch aufgrund objektiver Merkmale eine Zuordnung von weiten Teilen der Arbeiterschaft zum Mittelstand gerechtfertigt ist. Dies wird noch durch eine Untersuchung, die auf Daten der amtlichen Statistik aus dem Jahre 1971 beruht,[114] untermauert. Sie zeigt, daß zwar die Arbeiter, gemessen an der Merkmalskombination Schulabschluß/Einkommen, insgesamt im Durchschnitt am unteren Ende der sozialen Skala rangieren. Im einzelnen nimmt jedoch z. B. der im Lohnverhältnis stehende Meister die gleiche soziale Position ein wie der Beamte im mittleren Dienst oder sogar eine höhere als der mittlere Angestellte oder der kleine Selbständige ohne Mitarbeiter.

Auch die Zurechnung von Direktoren und Professoren zum Mittelstand, wie sie z. B. bei MOORE/KLEINING erscheint, also die Abgrenzung zur Oberschicht hin, ist nicht unumstritten. Hier wird schlechthin die Problematik, die in der Wahl des Schichtungsmodells liegt, deutlich. Im Grunde ist nämlich die Anzahl und die Benennung der unterschiedenen Schichten ziemlich der Willkür des Wissenschaftlers überlassen. Hätten MOORE/KLEINING z. B. das dreistufige Modell Oberschicht-Mittelstand-Unterschicht gewählt, wären Direktoren und Professoren sicherlich in der Oberschicht erschienen. Weil die Modelle konstruiert sind, also gar nicht darauf abzielen, reale Grenzen zu markieren, wird teilweise bezweifelt, ob sie die Fähigkeit besitzen, die Gesellschaft der Gegenwart tatsächlich zu beschreiben.[115]

Eindeutige, zeitlos gültige und noch dazu ökonomisch praktikable Mittelstandsmerkmale kann also auch die Soziologie nicht liefern. Zweifellos hat dies seinen Grund mit darin, daß die Grenzbereiche der Schichten flüssig und analytisch daher nur schwer voneinander zu trennen sind. Die Grenzen werden durch ständige Auf- und Abstiegsvorgänge über verschiedene Schichten und Ränge

112 Theodor Sonnemann, Gestalten und Gedanken, Stuttgart-Hannover 1975, S. 280.
113 Elisabeth Noelle-Neumann, Werden wir alle Proletarier?, in: Die Zeit Nr. 25 und 26 (1975).
114 Heinrich Tegtmeyer, Die soziale Schichtung der Erwerbstätigen in der Bundesrepublik Deutschland, in: Zeitschrift für Bevölkerungswissenschaft, H. 1 (1976), S. 34–54.
115 Vgl. Dahrendorf, Gesellschaft und Demokratie, a. a. O., S. 101.

hinweg, die sogenannte vertikale Mobilität, verwischt. »Es ist (geradezu) ein hervorstechendes Merkmal industrieller Gesellschaften, derartige Standortwechsel und Positionsveränderungen über ›soziale Grenzen‹ hinweg in außerordentlich großem Umfang hervorzurufen.«[116] Während auf der einen Seite Teile des Mittelstandes im Wandel unserer wirtschaftlichen Verhältnisse gewissermaßen absterben, wachsen auf der anderen Seite neue hinzu. Insbesondere Handwerker, gelernte, angelernte und ungelernte Arbeiter sowie untere und mittlere Angestellte und Beamte zeigten sich in der Nachkriegszeit von einer starken Mobilität erfaßt. Diese Mobilität erschwert aber natürlich eine scharfe Begriffsabgrenzung. Andererseits wird gerade in ihr etwas Entscheidendes gesehen: »Wenn überhaupt unsere heutige Gesellschaft von den Strukturelementen der Schichten geprägt sein soll, welche man Mittelstand oder Mittelschichten nennt, so ist es dieses Strukturelement der Mobilität.«[117]

Wenn auch die soziologischen Forschungen, wie wir sahen, keine exakte Antwort auf die Frage liefern, wie in unserer Gesellschaft der Mittelstand abgegrenzt ist, so kristallisiert sich doch ein Kern heraus, der mit einiger Sicherheit dem Mittelstand zuzurechnen ist und um den herum sich weitere Berufsgruppen als mögliche oder wahrscheinliche Mittelstandsgruppen versammeln. Diesen Kern bilden offenbar die kleinen und mittleren Selbständigen, die freien Berufe, die mittleren Beamten — Beamte des gehobenen Dienstes —, die mittleren Angestellten und die Spitzengruppe der Arbeiter. An den Rändern gehören wohl einerseits noch ein Teil der unteren Beamten — Beamte des einfachen Dienstes — und unteren Angestellten, andererseits ein Teil der großen Selbständigen und der oberen Beamten — Beamte des höheren Dienstes — und oberen Angestellten hinzu.

1.3.3. Zusammenfassung

Unsere bisherigen Betrachtungen haben deutlich gemacht, auf welchen Wegen Abgrenzungen des Mittelstandes bzw. der Mittelschichten versucht worden sind. Immer wieder wurde ein bestimmtes Einkommen und Vermögen als Mittelstandsmerkmal genannt. Wie mittelständisches Einkommen und Vermögen aber typischerweise auszusehen haben, blieb unklar. Denn die Angaben ›klein‹ und ›mittel‹ sind weder ein eindeutiges noch ein zeitlos unveränderliches Kriterium.

Die gleiche Situation zeigt sich bei Bildung bzw. Ausbildung als Mittelstandsmerkmal. Die Art mittelstandstypischer Bildung blieb im dunkeln. Sie mußte

---

116 Claessens, a. a. O., S. 302.
117 Krisam, a. a. O., S. 40.

es auch, da es eine typische Ausgestaltung mittelständischer Bildung eben nicht gibt. Bildung und Ausbildung orientieren sich an der Gesellschafts- und Wirtschaftsordnung, in der die Menschen ihr gesellschaftliches und wirtschaftliches Leben führen sollen.

Nicht anders ist es mit dem Mittelstandsmerkmal ›Zuschnitt der Lebensführung‹. Dieser Zuschnitt der Lebensführung soll sich sowohl von den sozial höher als auch den sozial niedriger stehenden Schichten abheben. Wie aber die Lebensführung konkret mittelständisch zugeschnitten ist, ist nicht belegt, die Bezeichnung ›bürgerlich‹ nicht bestimmt genug. Eine zeitlose Beschreibung des Merkmals Zuschnitt der Lebensführung ist nicht möglich.

Erkennbare Kriterien sind also mehr oder weniger alle zeitbezogen und können daher nicht von einer Epoche in die folgende übernommen werden. Es zeigt sich, daß der Mittelstand stets gemessen und beschrieben wird anhand der jeweils geltenden Gesellschafts- und Wirtschaftsordnung. Von daher ergibt sich der Umfang dessen, was als Mittelstand angesehen wird.

Die Gesellschafts- und Wirtschaftsordnung selbst ist jedoch oft Ursache für Veränderungen von Strukturen in der Bevölkerung. Infolgedessen werden auch die Abgrenzungskriterien des Mittelstandes stets Wandlungen unterworfen sein. Das erklärt den Mangel an zeitlos geltenden generellen Abgrenzungskriterien für den Mittelstand.

Dies betrifft auch die subjektive Selbsteinschätzung. Die geltende Gesellschafts- und Wirtschaftsordnung bestimmt weitgehend, wer sich dem Mittelstand zugehörig fühlt und fühlen will. Manche Menschen fühlen sich als Mittelständler, obwohl sie nach anderen, gleich wie definierten objektiven Merkmalen eher zur Oberschicht oder zur Unterschicht gehören würden. Auch wenn es in erster Linie auf die innere Einstellung derer ankommt, die sich als Glieder des Mittelstandes fühlen, und auf die Interessen, die sich aus ihrem ökonomischen und sozialen Status ergeben,[118] so wird diese unsere Einstellung eben mitgeprägt vom Wert und Unwert der bestehenden Ordnung — bezogen auf die Zeit, in der sie gilt.

Sicherlich, es wurde durchaus erkannt, daß die Zugehörigkeit oder Nichtzugehörigkeit zum Mittelstand keine reine Frage der Ökonomie ist und quantitative Merkmale nicht ausreichen. Aber auch die im Zusammenhang mit soziologischen Schichtungsmodellen gewonnenen Erkenntnisse über Verhaltensweisen von Mittelschichten verschaffen keinen Zugang zu einer brauchbaren Abgrenzung des Mittelstandes. Gefundene Verhaltensweisen gelten eben auch nur für die Zeit, für die das Schichtungsmodell entwickelt worden ist. Es kommt hinzu, daß die Schichtungsmodelle relativ willkürlich konstruiert sind und von hierher schon kein Zugang zu allgemeingültigen Kriterien möglich ist.

---

118 Vgl. Sonnemann, Gestalten und Gedanken, a. a. O., S. 280.

Eine exakte Definition des Mittelstandes gibt es nicht. Es fehlt an einer Mittel-standstheorie, entwickelt durch die Volkswirtschaft und die Soziologie. Man sollte die Vorgänge im Bereich der Wirtschaft differenzierter sehen und das soziale Verhalten in die Untersuchung einbeziehen.

Es bleibt die Tatsache, daß es zu jeder Zeit Bevölkerungsgruppen, Gruppierun-gen größeren oder kleineren Umfangs in einer Bevölkerung gibt, daß diese Gemeinschaften Einfluß nehmen, und zwar auf den einzelnen und die Gesamt-heit, sowohl aktiv als auch passiv, mitbestimmend, gestaltend, lenkend, direkt oder indirekt, letztlich immer mit existenzbildendem und -sicherndem Ziel.

Der Blick auf die Abgrenzungsversuche hat uns konkret nicht sehr viel weiter-gebracht bei unserer Frage: Was ist der Mittelstand? Objektive und subjektive Merkmale erwiesen sich als zu wenig exakt und wesenstypisch, um den Mittel-stand gezielt ansprechen zu können. Eine ungefähre, von Zweifeln überdeckte Vorstellung besitzen wir jetzt — mehr nicht. So bedauerlich dieses negative Resultat sein mag, so erklärlich ist es auch. Aber selbst ein negatives Ergebnis ist ein Ergebnis. Zudem wird die Notwendigkeit erkennbar, daß es durch ein positives ersetzt werden muß. Das geht jedoch nicht ohne die Wissenschaft.

1.4. Die Sammelbezeichnung ›Mittelstand‹

Die Verständnissuche nach dem Mittelstand wird dadurch erschwert, daß das Wort aus einer Zeit stammt, »deren Ordnungen und Schichtungen grundver-schieden von den heutigen waren«.[119] Es stammt aus der vorindustriellen Zeit. Gewöhnlich wird angenommen, das Wort sei aus ›Mitte‹ und ›Stand‹ entstan-den. Da ›Stand‹ für die heutige Zeit aber keine oder zumindest eine andere Be-deutung hat als früher und darüber hinaus auch ›Mitte‹ nicht eindeutig definier-bar ist, läßt sich der sozialökonomische Begriffsinhalt des Mittelstandes von den Wortbestandteilen her kaum ableiten.

Hinzu kommt, daß auch die Meinung vertreten wird, das Wort sei nicht aus ›Mitte‹ und ›Stand‹, sondern aus ›Mitte‹ und ›Zustand‹ entstanden, weil im 17. Jahrhundert, als es allmählich in der deutschen Sprache auftauchte, »die mittelalterliche Gesellschaftsordnung schon erschüttert gewesen sei und ›Stän-de‹-Vorstellungen keine begriffsbildende Bedeutung mehr gehabt hätten«.[120] Zudem wird außer vom Mittelstand synonym von ›Mittelschicht‹ und ›Mittel-klasse‹ gesprochen — eine Begriffsvielfalt, die z. B. das Französische (›classe moyenne‹) und das Englische (›middle class‹) nicht kennen.

119 Gantzel, a. a. O., S. 13.
120 Gantzel, a. a. O., S. 28.

Zweifellos ist der ›Mittelstand‹ eine gesellschaftliche Schicht, eine Schichtungs-
gruppe. Als solche hat sie die Nachbarschaft anderer Schichten. Man könnte
daher statt des Wortes ›Mittelstand‹ das Wort ›Mittelschicht‹ verwenden. Das
ist letztlich eine Frage der Definition von ›Stand‹ und ›Schicht‹. Das gleiche gilt
für ›Mittelklasse‹. Im Grunde ist es also gleichgültig, ob man von ›Mittelklasse‹, ›Mittelstand‹ oder ›Mittelschicht‹ spricht. ›Mittelstand‹ ist aber wohl der
älteste Begriff. Unabhängig von unserem Untersuchungsweg und -ergebnis,
unabhängig von Deutung und Inhalt wollen wir an dem Wort ›Mittelstand‹ in
jedem Fall, also auch für die heutige Zeit, festhalten.

Die vorgenannten Mittelstandsdefinitionen können, da sie vorwiegend auf
zeitbedingten Kriterien basieren, vom Inhalt her keine generelle Leitlinie sein
für die Beantwortung der Frage, was heute Mittelstand ist. Dazu müssen wir
ebenso verfahren, wie es in vergangenen Zeitepochen der Fall war, nämlich aus
der Jetztzeit, aus der Bedeutung der am Staatsleben teilnehmenden Bevölkerungsgruppen heraus die Frage nach Inhalt und Umfang des Mittelstandes zu
beantworten versuchen. Unsere Frage muß also heute, in der heutigen Zeit und
aus der heutigen Zeit heraus, beantwortet werden. Die Bevölkerungsgruppen
insgesamt sind hierbei bestimmend für Gesellschaft und Wirtschaft aufgrund
der geltenden demokratischen Ordnung.

Hinter dem eine einheitliche Gruppe andeutenden Begriff ›Mittelstand‹ verbirgt
sich heute in Wirklichkeit eine Vielzahl von verschiedenen Gruppen. Während
man im vergangenen Jahrhundert unter Mittelstand im wesentlichen nur die
Handwerker und Einzelhändler verstand, versammeln sich heute unter diesem
Begriff Handwerker, Klein- und Mittelunternehmen des Groß- und Einzelhandels, der Industrie, des Verkehrswesens, des Gaststätten- und Beherbergungsgewerbes und anderer Dienstleistungsgewerbe, die Bauern, freie Berufe,
Beamte, Angestellte und höhere Facharbeiter. Auch Hausfrauen und noch nicht
erwerbstätige Kinder gehören dazu, ebenso Rentner und Pensionäre. »Es ver-
mischen sich die verschiedenartigsten Elemente von Beruf, Besitz, Bildung,
Gesinnung, Lebensstil, Interessenrichtungen, Größenordnungen, rechtlichem
Status usw.«[121]

Man kann also lediglich sagen, daß der Mittelstand im wesentlichen einander
durch gehobene berufliche Tätigkeit und gehobenen Zuschnitt der Lebensführung, auch durch Selbsteinschätzung, näherstehende Menschen oder Menschengruppen umfaßt.

Durch die Berücksichtigung mehrerer begriffsbildender Merkmale wird deutlich,
daß wir nur eine mehrdimensionale Erfassung des Mittelstandes für angemes-
sen erachten. Die Hervorhebung der Selbsteinschätzung weist gleichzeitig auf

---

121 Gantzel, a. a. O., S. 16.

die unter Umständen davon abweichende Fremdeinschätzung hin. Unter dem Zuschnitt der Lebensführung lassen sich die typischen Verhaltensweisen und Wertvorstellungen des Mittelstandes zusammenfassen, wie Bildungsstreben, Aufstiegswille, Leistungsbezogenheit, eigenständige Selbstverantwortlichkeit, individuelle Vorsorge, Vermögensbildung, Planung der Lebensführung. Diese charakteristischen Wertvorstellungen weisen in ihrer Gesamtheit auch noch einmal auf die Durchlässigkeit des Mittelstandes nach oben und unten hin.

Ein so verstandener Mittelstand ist eine Art Sammelbecken der differenziertesten Bevölkerungsgruppen, die nicht nur über- und untereinander, sondern auch nebeneinander erscheinen, wenn man z. B. an das Nebeneinander des selbständigen (Handwerker, Händler) und des unselbständigen (Angestellte, Beamte) Mittelstandes denkt. Ist aber der Mittelstand in der Realität ein Sammelbecken vielschichtiger Gruppierungen, so kann auch der Begriff nicht mehr sein als eine ungenaue Sammelbezeichnung. Sein Inhalt ist überdies als Ausfluß von strukturellen Veränderungen und Bewegungen in der Bevölkerungsgemeinschaft, insbesondere in den Grenzbereichen, dauernden Änderungen und Wandlungen unterworfen.

2. Der Mittelstand in der Wirtschaft

2.1. Die Problematik seiner Erfassung

Was ist heute der Mittelstand? So lautet unsere generelle Fragestellung. Wir wollen eine möglichst große Transparenz des Mittelstandes herstellen. Sie ist erforderlich, um die Wechselbeziehung und Wechselwirkung zwischen Mittelstand und Genossenschaftsbanken eindeutiger erkennen und werten zu können. Zur Veranschaulichung dieser Wechselbeziehungen muß zunächst Klarheit bestehen über den Anteil des Mittelstandes am Wirtschaftsleben. Es schließt sich sodann die Frage an, welcher Anteil und welche Bedeutung an diesem mittelständischen Wirtschaftsleben insbesondere den Genossenschaftsbanken zukommt.

Es gibt den Mittelstand. Nach der Sammelbezeichnung umfaßt er unterschiedliche Menschen und Menschengruppen innerhalb der Bevölkerung des Staates. Diese nehmen in vielfältiger Weise am Wirtschaftsleben teil. Der Mittelstand ist also nicht nur soziologische, sondern auch ökonomische Größe. Welchen Umfang hat diese Größe? Was ist der Mittelstand im Wirtschaftsleben? Welcher Anteil an der wirtschaftlichen Tätigkeit entfällt auf ihn? Welches ist sein Gewicht in der gesamten Wirtschaftsstruktur? Das gilt es jetzt zu ermitteln.

Die gestellten Fragen sind von allgemeinem Interesse. Darüber hinaus aber interessieren sie gerade die Kreditgenossenschaften als Banken des Mittelstandes. Denn der Mittelstand trägt die Kreditgenossenschaften, aus ihm setzt sich der Kreis der Anteilseigner der Volksbanken und Raiffeisenbanken zusammen, und zugleich ist der Mittelstand Kunde der Genossenschaftsbanken.

2.2. Von der Sammelbezeichnung zur Begriffsverwendung im Wirtschaftsleben

Hilft uns die Sammelbezeichnung ›Mittelstand‹ weiter? Vom Ergebnis her ist das sicher nicht der Fall. Für wirtschaftliche Untersuchungen erweist sie sich als zu ungenau. Sie bezieht sich auch generell nur auf Menschen und läßt nicht erkennen, wie mit ihr die mittelständischen Unternehmen, insbesondere ihr Gewicht in der Wirtschaft, in den Griff zu bekommen sind. Mit der Sammelbezeichnung ist der Anteil des Mittelstandes am Wirtschaftsleben nicht darstellbar.

Die Sammelbezeichnung ist wegen ihrer weiten soziologischen Fassung nicht geeignet, Bezugsgröße für spezielle Aussagen zu sein, die aus der Teilnahme einer bestimmten Anzahl von Menschen und Unternehmen am Wirtschaftsleben entstehen. Dazu muß man sich unter Mittelstand etwas Konkreteres vorstellen können. Man muß wissen, in welchem Umfang und mit welchem Anteil Menschen und Menschengruppen des Mittelstandes am Wirtschaftsleben teilnehmen.

Wie kann man dennoch den Anteil der Mittelständler am Wirtschaftsleben ermitteln? Bisher gibt es keinen allgemein als gültig anerkannten Weg, der zu einer befriedigenden Antwort führen könnte. Wenn aber die Sammelbezeichnung zu allgemein und damit für spezielle wirtschaftliche Untersuchungen nicht anwendbar ist, dann stellt sich die Frage, ob von ihr aus nicht durch Unterteilungen mittelständische Gruppierungen erkennbar gemacht werden können, die die geforderte Aussage ermöglichen.

Es sind Menschen, Gemeinschaften von Menschen, die am Wirtschaftsleben teilnehmen. Das gilt sowohl für eine aktive als auch für eine passive Teilnahme. Das gilt für Personen, die für sich oder für andere oder aber als Eigner von Unternehmen am Wirtschaftsleben teilnehmen. Daher bietet es sich an, bei den am Wirtschaftsleben teilnehmenden Menschen des Mittelstandes eine unterteilende Ordnung durch Ermittlung von Gruppierungen vorzunehmen.

Diese Gruppierungen orientieren sich lediglich an denjenigen Menschen, die aktiv im Erwerbsleben stehen. Obwohl der Mittelstand beispielsweise auch Hausfrauen, noch nicht erwerbstätige Kinder und Rentner umfaßt, richten wir unser Interesse also jetzt nur auf diejenigen Mittelstands-Angehörigen, die zugleich Erwerbstätige im Wirtschaftsleben sind.

2.2.1. Der Arbeitnehmer-Mittelstand

Man kann diejenigen Teilnehmer am Wirtschaftsleben zusammenfassen, die Arbeitnehmer sind. Arbeitnehmer, also Arbeiter, Angestellte und Beamte, leisten abhängige Arbeiten, die nach Art, Zeit, Dauer und Ort dem Weisungs- und Kontrollrecht des Arbeitgebers unterliegen.

1976 wurden 22,2 Millionen Arbeitnehmer gezählt. Wie Tabelle 13 zeigt, waren rund die Hälfte von ihnen, nämlich 11 Millionen, Arbeiter. Hiervon arbeiteten 0,2 Millionen in der Land- und Forstwirtschaft, 7,8 Millionen im Produzierenden Gewerbe, 1,3 Millionen in Handel und Verkehr sowie 1,7 Millionen in sonstigen Wirtschaftsbereichen.

Angestellte (9,1 Millionen) und Beamte (2,2 Millionen) machten die andere Hälfte der Arbeitnehmer aus. Sie waren mit 0,1 Millionen in der Land- und Forstwirtschaft, mit 3,2 Millionen im Produzierenden Gewerbe sowie mit 2,6 Millionen in Handel und Verkehr zu finden, am stärksten aber, mit 5,4 Millionen, in den ›sonstigen‹ Wirtschaftsbereichen, das heißt den Dienstleistungsunternehmen und den staatlichen Stellen. Insbesondere die Beamten waren

Tabelle 13
Arbeitnehmer in der Bundesrepublik Deutschland Mai 1976

	Land- und Forst- wirtschaft	Produ- zierendes Gewerbe	Handel und Verkehr	Sonstige Wirtsch.- bereiche	Wirtschafts- bereiche insgesamt
			in 1000		
Arbeiter	202	7 805	1 278	1 680	10 965
Angestellte, Beamte	40	3 230	2 645	5 355	11 269
Arbeitnehmer insgesamt	242	11 035	3 923	7 035	22 234

Quelle: Statistisches Bundesamt.

nahezu ausschließlich hier beschäftigt, in erster Linie bei den Ländern, zu mehr als der Hälfte im gehobenen und mittleren Dienst.

Arbeitnehmer verteilten sich also auf alle Bereiche der Wirtschaft. Im einzelnen waren es in der Land- und Forstwirtschaft 0,2 Millionen, im Produzierenden Gewerbe 11,0 Millionen, in Handel und Verkehr 3,9 Millionen und in sonstigen Wirtschaftsbereichen 7,0 Millionen.

Entsprechend dieser Gruppierung im Wirtschaftsleben können wir aus der Gesamtheit des Mittelstandes alle diejenigen herauslösen, die unselbständige, weisungsgebundene Arbeit leisten, und sie zu den arbeitnehmenden Mittelstandsangehörigen zusammenfassen.

Wir verstehen damit unter Mittelstand zunächst die innerhalb der Bundesrepublik Deutschland unselbständig erwerbstätigen Teilnehmer am Wirtschaftsleben, die sich einander durch gehobene berufliche Tätigkeit und Lebensführung, auch durch Selbsteinschätzung, sozial näherstehen, also den *Arbeitnehmer-Mittelstand.*

2.2.2. *Der Freiberufler-Mittelstand*

Man kann auch diejenigen Teilnehmer am Wirtschaftsleben zusammenfassen, die Freiberufler sind. Allerdings ist nicht ganz eindeutig, wer alles zu den freien Berufen zählt. An der Art der Freiheit, dem Wörtchen ›frei‹, entzünden sich Auffassungsunterschiede über den Begriff.

Ein Teil der Meinungen geht dahin, daß freie Berufe *geistig* frei, intellektuell seien. Hiernach kann also »eine freiberufliche Tätigkeit sowohl in einer ›freiheitlichen‹, das heißt wirtschaftlich selbständigen Berufsstellung, wie in einer ›gebundenen‹, das heißt wirtschaftlich unselbständigen Berufsstellung ausgeübt werden«.[122]

Die Vertreter dieser Meinung sehen das Wesentliche der freiberuflichen Tätigkeit in der Vermittlung von Kultur, die durch Arzt, Rechtsanwalt, Architekt, Künstler, Publizist oder Pädagoge unabhängig von selbständiger oder unselbständiger Stellung erfolgt. Diese Mittlertätigkeit vollzieht sich zwischen dem Interesse der Gemeinschaft und den Interessen des einzelnen.

Gemeinhin werden aber, und daran wollen auch wir uns halten, die Freiberuflichen als eine Gruppe der Selbständigen angesehen, zumal die Selbständigkeit als »ein gerade bei der herrschenden Tendenz zur sozialen Sicherheit kennzeichnendes Merkmal der freien Berufe«[123] gilt. Auch in der amtlichen Statistik finden sich die Freiberufler unter den Selbständigen.

Merkmale, die für die Zugehörigkeit eines Berufes zu den ›freien‹ gelten, sind dann

— die Entscheidungsfreiheit in der Berufsausübung,
— die Unabhängigkeit in der Berufsstellung und
— die Qualifikation der beruflichen Tätigkeit als persönliche und geistige Leistung.[124]

Meist besteht die Tätigkeit der freien Berufe aus Dienstleistungen, wenngleich dies »ebensowenig wie die akademische Ausbildung ein ausschließliches Merkmal«[125] ist. Häufig fehlt, im Unterschied zu anderen Selbständigen, ein größeres Betriebsvermögen. Charakteristisch für die freien Berufe ist auch, daß sie bestimmten berufsethischen Forderungen unterliegen. Soweit Hilfskräfte beschäftigt werden, sind sie oftmals mithelfende Familienangehörige.

Selbständige Freiberufler bilden nur eine relativ kleine Gruppe unter allen Erwerbstätigen. Genaue Zahlen ermittelt das Statistische Bundesamt lediglich alle zehn Jahre bei den Volks- und Berufszählungen. Für das Jahr 1970 ergab sich das aus Tabelle 14 ablesbare Bild:

122 Heinrich Stieglitz, Der soziale Auftrag der freien Berufe, Köln-Berlin 1960, S. 162.
123 J. F. Volrad Deneke, Freie Berufe, in: Staatslexikon, hrsg. von der Görres-Gesellschaft, 3. Bd., 6. Aufl., Freiburg 1959, Sp. 505.
124 Vgl. Deneke, Freie Berufe, a. a. O., Sp. 505.
125 Deneke, Freie Berufe, a. a. O., Sp. 505.

Tabelle 14
Freiberufler in der Bundesrepublik Deutschland 1970

Berufsart	Anzahl in Tausend
Heilberufe	107
Rechtsberufe u. ä.	42
Architekturberufe u. ä.	44
Bildungsberufe u. ä.	26
Künstlerische und publizistische Berufe	32
Freiberufler insgesamt	250

Quelle: Statistisches Bundesamt und eigene Berechnungen.

Entsprechend dieser Gruppierung im Wirtschaftsleben können wir aus der Gesamtheit des Mittelstandes auch alle diejenigen herauslösen, die eine selbständige, überwiegend geistige Tätigkeit ausüben, und sie zu den freiberuflich tätigen Mittelstandsangehörigen zusammenfassen.
Wir verstehen damit unter Mittelstand ferner die innerhalb der Bundesrepublik Deutschland selbständig und überwiegend geistig tätigen Teilnehmer am Wirtschaftsleben, die sich einander durch gehobene berufliche Tätigkeit und Lebensführung, auch durch Selbsteinschätzung, sozial näherstehen, also den *Freiberufler-Mittelstand.*

2.2.3. Der Unternehmer-Mittelstand

Schließlich kann man die am Wirtschaftsleben teilnehmenden Unternehmer zusammenfassen.
Unternehmer ist, wer durch wirtschaftliche Entscheidungen unversicherbares geschäftliches Risiko schafft und diesem seine spezifische Form gibt. Unternehmerisches Tun geschieht durch den Einsatz und die Koordinierung von Produktionsfaktoren, mit der Bestimmung, ein bestimmtes Unternehmensziel zu erreichen. Es kann sich grundsätzlich in selbständiger und unselbständiger Stellung vollziehen.
Der selbständige Unternehmer ist Eigentümer des von ihm geleiteten Unternehmens. Er hat die Verfügungsgewalt über den erwirtschafteten Gewinn, trägt das Risiko und haftet in der Regel mit seinem gesamten Vermögen. Der angestellte Unternehmer hat keinen rechtlichen Anteil am Unternehmen. Er trägt

nur das sogenannte spezifische Unternehmerrisiko. Mit der Ausbreitung der Kapitalgesellschaften seit Ende des vorigen Jahrhunderts sind Unternehmerfunktionen mehr und mehr in die Hände von Managern übergegangen. Bei der letzten Volks- und Berufszählung 1970 betrug die Zahl der in abhängiger Stellung unternehmerisch arbeitenden Geschäftsführer, Filialleiter, Betriebsdirektoren usw. 225 000.

Unternehmer im engeren Sinne und dem verbreiteten Wortverständnis nach sind jedoch nur die selbständigen Unternehmer. Ihre Zahl ist nicht exakt bekannt, sondern nur aus der der Selbständigen herleitbar. Selbständige sind diejenigen, »die einen Betrieb oder eine Arbeitsstätte gewerblicher oder landwirtschaftlicher Art wirtschaftlich und organisatorisch als Eigentümer oder Pächter leiten (einschließlich selbständige Handwerker), sowie selbständige Handelsvertreter und alle freiberuflich Tätigen . . .«[126] 1976 gab es 2,4 Millionen Selbständige; zieht man hiervon 250 000 Freiberufler ab, so dürfte die Zahl der selbständigen Unternehmer demnach etwa 2,2 Millionen betragen haben (vgl. Tabelle 15).

Tabelle 15
Selbständige Unternehmer* in der Bundesrepublik Deutschland 1976

Wirtschaftsbereiche	Selbständige Unternehmer (in Tausend)
Land- und Forstwirtschaft	615
Produzierendes Gewerbe	595
Handel und Verkehr	617
Sonstige Wirtschaftsbereiche	370
Wirtschaftsbereiche insgesamt	2 197

* Ohne Freiberufler.
Quelle: Statistisches Bundesamt und eigene Berechnungen.

Selbständige Unternehmer sind nahezu gleichmäßig auf Land- und Forstwirtschaft, Produzierendes Gewerbe, Handel und Verkehr sowie sonstige Wirtschaftsbereiche verteilt. Während ihre Zahl in einigen Wirtschaftsbereichen, z. B. in der Land- und Forstwirtschaft, heute deutlich niedriger liegt als 1950, liegt sie im Dienstleistungsbereich höher und untermauert damit die bekannte These von der Entwicklung zur Dienstleistungsgesellschaft. Entsprechend dieser Gruppierung im Wirtschaftsleben können wir aus der

126 Statistisches Bundesamt Wiesbaden (Hrsg.), Statistisches Jahrbuch 1977 für die Bundesrepublik Deutschland, Stuttgart-Mainz 1977, S. 92.

Gesamtheit des Mittelstandes schließlich alle diejenigen herauslösen, die als Eigentümer eines Unternehmens Produktionsfaktoren kombinieren, und sie zu den unternehmerisch tätigen Mittelstandsangehörigen zusammenfassen.

Wir verstehen damit unter Mittelstand schließlich insbesondere die innerhalb der Bundesrepublik Deutschland selbständigen Unternehmer, die einander durch gehobene berufliche Tätigkeit und Lebensführung, auch durch Selbsteinschätzung, sozial näherstehen, also den *Unternehmer-Mittelstand.*

2.2.4. *Zusammenfassung*

Insgesamt ergibt sich damit folgendes Ergebnis: Von den Menschen und Menschengruppen, die wir unter der Sammelbezeichnung ›Mittelstand‹ vereint sehen, lassen sich hinsichtlich der am Wirtschaftsleben Teilnehmenden herauslösen und zusammenfassen:

— die arbeitnehmenden Mittelstandsangehörigen,
— die freiberuflich tätigen Mittelstandsangehörigen und
— die unternehmerisch tätigen Mittelstandsangehörigen.

Wir verstehen also im Wirtschaftsleben der Bundesrepublik Deutschland unter Mittelstand die

— arbeitnehmenden Mittelstandsangehörigen, die
— freiberuflich tätigen Mittelstandsangehörigen und die
— unternehmerisch tätigen Mittelstandsangehörigen,
die einander durch gehobene berufliche Tätigkeit, gehobenen Zuschnitt der Lebensführung und Selbsteinschätzung sozial näherstehen.

Hiervon ausgehend können wir vereinfachend sagen, innerhalb des Wirtschaftslebens der Bundesrepublik Deutschland setzt sich der Mittelstand zusammen aus

— dem Arbeitnehmer-Mittelstand,
— dem Freiberufler-Mittelstand und
— dem Unternehmer-Mittelstand.

Über diese Unterteilung fällt nun der Einstieg in die wirtschaftliche Wirklichkeit leichter, da sie differenzierter und damit anschaulicher und praktikabler ist. Mit dieser aufgefächerten speziellen Ordnung der allgemeinen Sammelbezeichnung ›Mittelstand‹, gewissermaßen einem ökonomischen Mittelstandsbegriff, glauben wir, in der Wirtschaft den Mittelstand in seiner Gesamtheit hinreichend kennzeichnen und seine Stellung und Bedeutung weitgehend transparent machen zu können.[127]

2.3. Das Wirtschaftsleben in der Bundesrepublik Deutschland

Es geht nun darum zu ermitteln, welchen Anteil der Mittelstand, die Mittelstandsgruppen am Wirtschaftsleben haben.

Leider gibt es keine Statistik, die zugleich eine Mittelstandsstatistik enthalten würde, eine Statistik also, aus welcher der Umfang dieser oder anderer Mittelstandsgruppen am Wirtschaftsleben ablesbar wäre. Statistische Teiluntersuchungen von Bund, Ländern, Gemeinden, Berufskammern und Instituten vermitteln kein Gesamtbild. Es fehlt eben gerade auch für statistische Erfassungen die gemeinsam geltende begriffliche Abgrenzung des Mittelstandes.

Wir versuchen gleichwohl, aus amtlichen Statistiken den Anteil des Mittelstandes am Gesamtwirtschaftsleben abzuleiten. Dazu folgt eine kurze Darstellung von Umfang und Struktur des Wirtschaftslebens in der Bundesrepublik Deutschland.[128]

Sie geht von den am Wirtschaftsleben beteiligten Menschen, den Erwerbstätigen, aus, also allen Personen, die in einem Arbeitsverhältnis stehen oder selbständig eine Landwirtschaft, einen freien Beruf oder ein Gewerbe betreiben.[129] 1976 waren dies 25,1 Millionen (vgl. Tabelle 10). Die wirtschaftliche Aktivität dieser Erwerbstätigen vollzieht sich in einer Vielzahl größerer und kleinerer Wirtschaftsbereiche. Nach der im Statistischen Jahrbuch aufgeführten Gliederung werden unterschieden: Land- und Forstwirtschaft, Produzierendes Gewerbe, Handel und Verkehr und Sonstige Wirtschaftsbereiche.

127 In der Praxis wird die Formulierung ›mittelständische Wirtschaft‹ verwendet. Das zeigt zum Beispiel der »Entwurf eines Gesetzes zur Förderung der kleinen und mittleren Unternehmen sowie der freien Berufe und zur Sicherung von Arbeits- und Ausbildungsplätzen in der mittelständischen Wirtschaft (Bundesmittelstandsförderungsgesetz — BMfG)« (BTDr 8/708). § 1 dieses Entwurfes lautet: »Zweck dieses Gesetzes ist es . . . , die Stellung, die Leistungskraft und die Wettbewerbsfähigkeit der kleinen und mittleren Unternehmen in Handwerk, Handel und Industrie, im Verkehrsgewerbe und Dienstleistungsbereich, soweit die Dienstleistungen von Unternehmen oder von freien Berufen erbracht werden (mittelständische Wirtschaft) . . . zu sichern und zu stärken . . .« Hier zeigen sich teilweise Parallelen zu den von uns für das Wirtschaftsleben verwendeten Mittelstandsbezeichnungen, nämlich:
». . . kleinen und mittleren Unternehmen in Handwerk, Handel und Industrie . . .« = Unternehmer-Mittelstand, ». . . freien Berufen . . .« = Freiberufler-Mittelstand.
128 Die Zahlenangaben beziehen sich auf das Jahr 1976. Abweichungen sind besonders erwähnt.
129 Vgl. Statistisches Bundesamt Wiesbaden (Hrsg.), Statistisches Jahrbuch 1977, a. a. O., S. 92.

2.3.1. Land- und Forstwirtschaft

Gemessen am Beitrag zum Bruttoinlandsprodukt in Höhe von 3 % ist heute der agrarwirtschaftliche Bereich der kleinste der Volkswirtschaft. In ihm arbeiten jedoch 1,7 Millionen Menschen, das sind 7 % aller Erwerbstätigen. Die Zahl der selbständigen Land- und Forstwirte beträgt rund 615 000. Ihr steht mit 1,1 Millionen land- und forstwirtschaftlichen Betrieben eine Zahl gegenüber, die nahezu doppelt so groß ist.

Der Grund hierfür liegt darin, daß es in der Landwirtschaft viele Nebenerwerbsbetriebe gibt, Kleinbetriebe mit einer Durchschnittsgröße von 5 ha. Nur die Haupterwerbsbetriebe aber sind groß genug, einem selbständigen Landwirt als Haupterwerbsquelle zu dienen. 1976 waren es 539 000 solcher landwirtschaftlicher Betriebe, »in denen der Betriebsinhaber seine Arbeitszeit mindestens zu 50 % in seinem Betrieb einsetzt und mindestens 50 % des Gesamteinkommens vom Betriebsinhaberehepaar und Hofnachfolger aus dem landwirtschaftlichen Unternehmen stammen«.[130] Die durchschnittliche Größe dieser Haupterwerbsbetriebe belief sich auf 20 ha.

2.3.2. Produzierendes Gewerbe

Das Produzierende Gewerbe erbringt knapp die Hälfte des Bruttoinlandsproduktes und ist der wichtigste Bereich der Wirtschaft. Es umfaßt rund 500 000 und damit 19 % aller Unternehmen. Hier sind 11,4 Millionen Menschen, das heißt 45 % aller Erwerbstätigen, beschäftigt. 595 000 von ihnen waren 1976 als Selbständige tätig. Zum Produzierenden Gewerbe zählen die Industrie und das Produzierende Handwerk.

2.3.2.1. Industrie

Industrie meint die gewerbliche Gewinnung und Verarbeitung von Rohstoffen und Halbfabrikaten, soweit sie im Unterschied zum Handwerk in Fabrikbetrieben vor sich geht. Im Gegensatz zu anderen Gewerbearten verwendet die Industrie Kombinationen von Produktionsfaktoren, in denen das Sachkapital gegenüber der Arbeitskraft einen besonders hohen Anteil besitzt. Kennzeichnend für die Industrie ist eine ausgeprägte Arbeitsteilung.

Die Grenzen zwischen Industrie und Handwerk sind fließend. Es gibt daher keine Statistik, die die Zahl der Industrieunternehmen vollständig wiedergibt.

---

130 Agrarbericht 1976. Bundestags-Drucksache 7/4680 vom 5. 2. 1976, S. 15.

Nach begründeten Schätzungen dürften es rund 100 000, entsprechend 4 % aller Unternehmen, sein. In ihnen arbeiten 8,5 Millionen Menschen, das sind 34 % aller Erwerbstätigen. Sie verteilen sich auf Bergbau, Energiewirtschaft, Verarbeitende Industrie und Bauindustrie. Ihr Beitrag zum Bruttoinlandsprodukt beträgt 39 %.

2.3.2.1.1. Bergbau

Bergbauunternehmen sind nach der Abgrenzung der amtlichen Statistik Unternehmen der Urproduktion, die die Gewinnung von Bodenschätzen wie
— Torf,
— Kohle,
— Salzen,
— Erdöl,
— Erdgas und
— Erzen
betreiben. Die meisten der rund 200 Unternehmen finden sich in der Torfgewinnung. Der bedeutungsvollste Bereich ist aber der Kohlenbergbau. Hier arbeitet auch die Mehrzahl der im Bergbau Beschäftigten. Diese Zahl beläuft sich auf etwa 250 000, entsprechend 1 % aller Erwerbstätigen.

2.3.2.1.2. Energiewirtschaft

Die Energiewirtschaft umfaßt rund 4 000 Unternehmen der Gewinnung und Verteilung von
— Gas,
— Wasser und
— Elektrizität.
Sie beschäftigt rund 300 000 Menschen, also gut 1 % aller Erwerbstätigen.

2.3.2.1.3. Verarbeitende Industrie

Die Verarbeitende Industrie setzt sich aus der Grundstoff- und Produktionsgüterindustrie, der Investitionsgüterindustrie, der Verbrauchsgüterindustrie und der Nahrungs- und Genußmittelindustrie zusammen. Sie umfaßt etwa 90 000 oder 3 % aller Unternehmen mit 7,4 Millionen, entsprechend 29 % aller Erwerbstätigen.

2.3.2.1.3.1. Grundstoff- und Produktionsgüterindustrie

In der Grundstoff- und Produktionsgüterindustrie werden industrielle Rohstoffe und Halbfabrikate gefertigt, die auf nachgelagerten Produktionsstufen zur Herstellung von Investitionsgütern und Konsumgütern dienen. Zu dieser Industriegruppe zählen 15 000 und damit 0,6 % aller Unternehmen. Hier arbeiten mit 1,7 Millionen Menschen 7 % aller Erwerbstätigen. Wichtigste Branchen sind
— die Industrie der Steine und Erden,
— die Eisenschaffende Industrie,
— die Mineralölverarbeitung,
— die Chemische Industrie,
— die Holzbearbeitende Industrie sowie
— die Gummi- und Asbestverarbeitende Industrie.

2.3.2.1.3.2. Investitionsgüterindustrie

Die Investitionsgüterindustrie ist der bedeutendste Industriebereich. Hier werden von 3,7 Millionen Menschen, das sind 15 % aller Erwerbstätigen, in 28 000 oder 1 % aller Unternehmen langlebige Wirtschaftsgüter hergestellt, deren Bestimmung der Einsatz in anderen Unternehmen zur weitergehenden Leistungserstellung ist. Wichtigste Investitionsgüterproduzenten sind
— der Maschinenbau,
— die Elektrotechnische Industrie,
— der Straßenfahrzeugbau,
— die Stahlverformung und
— die Eisen-, Blech- und Metallwarenindustrie.

2.3.2.1.3.3. Verbrauchsgüterindustrie

Die Verbrauchsgüterindustrie produziert eine große Vielfalt kurzlebiger Wirtschaftsgüter. Sie ist der Produzent für den Endverbraucher. Der Differenziertheit der Nachfrage entsprechend zahlreich sind die hier angesiedelten Unternehmen. Mit 38 000 und damit 2 % aller Unternehmen finden sich in diesem Industriebereich mehr als in jedem anderen. 1,6 Millionen Menschen, 6 % aller Erwerbstätigen, sind hier beschäftigt. Verbrauchsgüterindustrien sind vor allem
— die Holzverarbeitende Industrie,
— die Druckerei- und Vervielfältigungsindustrie,
— die Kunststoffverarbeitende Industrie,
— die Textilindustrie und
— die Bekleidungsindustrie.

2.3.2.1.3.4. Nahrungs- und Genußmittelindustrie

Die Nahrungs- und Genußmittelindustrie umfaßt die Ernährungsindustrie mit ihren zahlreichen Fachzweigen — Molkereien, Brauereien, Fleischverarbeitende Industrie etc. — und die Tabakverarbeitende Industrie. In 9 000 Unternehmen, also 0,3 % aller Unternehmen, sind rund 500 000 Menschen, entsprechend 2 % aller Erwerbstätigen, beschäftigt.

2.3.2.1.4. Bauindustrie

Die Bauindustrie umfaßt denjenigen Teil des Baugewerbes, der den industriellen Bau betreibt. Industrielles Bauen vollzieht sich vor allem im Bauhauptgewerbe, also im Hoch- und Tiefbau, weniger dagegen im Ausbaugewerbe. Etwa 7 000 Unternehmen repräsentieren die Bauindustrie, das sind 0,3 % aller Unternehmen. Hier sind 500 000 oder 2 % aller Erwerbstätigen beschäftigt.

2.3.2.2. Produzierendes Handwerk

Handwerk ist im wesentlichen Produzierendes Handwerk. Es wird also zum überwiegenden Teil im Produzierenden Gewerbe ausgeübt. Insgesamt beträgt die Zahl der Produzierenden Handwerksunternehmen 400 000,[131] das sind 15 % aller Unternehmen. Gemessen daran ist das Produzierende Handwerk der größte Bereich des Produzierenden Gewerbes. Seine bedeutendsten Fachzweige, in denen auch die Mehrzahl der 3,1 Millionen produzierenden Handwerker arbeitet, sind
— das Baugewerbe,
— das Metallgewerbe und
— das Nahrungs- und Genußmittelgewerbe.
Der Beitrag des Produzierenden Handwerks zum Bruttoinlandsprodukt beträgt 10 %.

2.3.2.2.1. Verarbeitendes Handwerk

Das Verarbeitende Handwerk, womit der Teil des Handwerks bezeichnet wird, der innerhalb des Produzierenden Handwerks nicht Bauhandwerk ist, konzentriert sich insbesondere auf

---

131 Außerhalb des Produzierenden Handwerks gibt es im Handel und in den ›sonstigen‹ Wirtschaftsbereichen weitere 100 000 Unternehmen mit 700 000 Beschäftigten.

— den Stahl-, Maschinen- und Fahrzeugbau,
— das Nahrungs- und Genußmittelgewerbe sowie
— das Holz-, Papier- und Druckgewerbe.
Hier finden sich neben neueren Handwerksberufen, wie z. B. dem Kfz-Mechaniker, zahlreiche alte, wie Bäcker, Fleischer und Tischler. Die Zahl der Unternehmen in diesem Bereich beläuft sich auf knapp 250 000, die der Erwerbstätigen auf 1,6 Millionen.

2.3.2.2.2. Bauhandwerk

Das Bauhandwerk hat sein größtes Betätigungsfeld im Bauhauptgewerbe, also
— im Hochbau,
— im Straßenbau,
— in der Verputzerei,
— in der Zimmerei und
— in der Dachdeckerei.
Darüber hinaus findet man es im Ausbaugewerbe, vor allem
— in der Klempnerei,
— in der Elektroinstallation,
— im Malergewerbe und
— in der Tapetenkleberei.
Im gesamten Bauhandwerk sind zur Zeit knapp 150 000 Handwerksunternehmen mit 1,4 Millionen Erwerbstätigen vertreten.

2.3.3. Handel und Verkehr

Handel und Verkehr verbinden Erzeuger und Verbraucher miteinander. Hierin liegt ihre gemeinsame volkswirtschaftliche Bedeutung. 640 000 oder 24 % aller Unternehmen sind daran beteiligt. Die Zahl der Erwerbstätigen beträgt 4,5 Millionen, entsprechend 18 %, darunter 617 000 Selbständige. Diese erstellen knapp 18 % des Bruttoinlandsproduktes.

2.3.3.1. Handel

Zu dem, auch international gesehen, hohen Leistungsniveau des Handels tragen insgesamt rund 565 000 Unternehmen aus Großhandel, Handelsvermittlung und Einzelhandel bei. In diesem Bereich sind 3,1 Millionen Erwerbstätige beschäftigt. Der Anteil des Handels am Bruttoinlandsprodukt beläuft sich auf 12 %.

2.3.3.1.1. Großhandel

Schwerpunkt der Tätigkeit des Großhandels ist der Zwischen- und Außenhandel, vor allem mit
— Nahrungs- und Genußmitteln,
— Getreide und Futtermitteln,
— Baustoffen,
— Fahrzeugen,
— Kohle,
— Mineralölerzeugnissen sowie
— Eisen und Stahl.
In der Regel wird die Ware an den Einzelhandel, nicht an letzte Konsumenten, weitergegeben. Die Zahl der Großhandelsunternehmen beträgt 115 000.

2.3.3.1.2. Einzelhandel

Der Einzelhandel ist in der Hauptsache auf die unmittelbare Versorgung der Bevölkerung ausgerichtet. 350 000 Einzelhandelsunternehmen stehen hierfür zur Verfügung, und ihr Angebot umfaßt neben
— Nahrungs- und Genußmitteln,
— Bekleidung,
— Schuhen,
— Möbeln,
— Schmuckwaren,
— pharmazeutischen Artikeln und
— Kraftfahrzeugen
zahlreiche weitere Warengruppen. Von allen Unternehmen des Einzelhandels sind etwa 80 % Facheinzelhandelsunternehmen (60 % Einbetriebsunternehmen, 20 % Filialunternehmen), 12 % Warenhäuser, 4 % Versandhandelsunternehmen und 3 % Konsumgenossenschaften. Verbrauchermärkte und Selbstbedienungswarenhäuser sind stark expandierende Vertriebsformen.

2.3.3.1.3. Handelsvermittlung

Eine wichtige Stellung innerhalb des Handels nehmen die 100 000 selbständigen Handelsvertreter, Handelsmakler und ähnliche Handelsvermittlungsunternehmen ein. Diese Unternehmen bestehen meist nur aus dem mitarbeitenden Inhaber und einem weiteren Beschäftigten.

2.3.3.2. Verkehr

Zum Verkehrsgewerbe gehören rund 73 000 Unternehmen aus
— Straßenverkehr,
— Eisenbahnverkehr,
— Nachrichtenverkehr,
— Schiffahrt,
— Luftverkehr sowie
— Spedition und Lagerei.
Die Hälfte davon entfällt allein auf den Straßengüterverkehr. Im Verkehrsgewerbe sind 1,5 Millionen Menschen beschäftigt. Sie erbringen knapp 6 % des Bruttoinlandsproduktes.
Allein auf Straßenverkehr, Schiffahrt, Spedition und Lagerei entfallen 72 500 Unternehmen mit rund 500 000 Beschäftigten. Typisch für diesen Teil des Verkehrsgewerbes ist, daß etwa die Hälfte der Unternehmen Ein-Mann-Unternehmen sind und vielfach mit der eigentlichen gewerblichen Tätigkeit eine andere verbunden ist, so z. B. mit einem Güterkraftverkehrsunternehmen ein Handel mit Baustoffen, Kohle und dergleichen. Eisenbahnverkehr, Nachrichtenverkehr und Luftverkehr stehen weitgehend im Zeichen staatlicher Monopolunternehmen.

2.3.4. Sonstige Wirtschaftsbereiche

7,5 Millionen entsprechend 30 % der Erwerbstätigen arbeiten schließlich noch in 335 000 Unternehmen sonstiger Wirtschaftsbereiche, zu denen vor allem
— die Kreditinstitute,
— die Versicherungen und
— das Gaststätten- und Beherbergungsgewerbe
gehören. Außerdem werden hierunter
— die freien Berufe sowie
— die staatlichen Organisationen
geführt. Ihr Beitrag zum Bruttoinlandsprodukt beläuft sich auf 31 %.

2.3.4.1. Kreditgewerbe

Das Kreditgewerbe umfaßt 6 200 Kreditinstitute — ihrer geschäftlichen Ausprägung nach überwiegend Universalbanken, deren Aktivitäten sich auf sämtliche Sparten des Bankgeschäftes und Kunden aller Bevölkerungsschichten richten, freilich mit unterschiedlichen Schwerpunkten. Größte Bankengruppe sind die Genossenschaftsbanken (5 000), gefolgt von den Sparkassen (650) und den Kreditbanken (270), unter denen die Großbanken, Regionalbanken und Privatbankiers zusammengefaßt sind. Die Banken beschäftigen insgesamt etwa 500 000 Personen. An der Erwirtschaftung des Bruttoinlandsproduktes ist das Kreditgewerbe mit 3 % beteiligt.

2.3.4.2. Versicherungsgewerbe

Die Versicherungen ähneln in mancher Beziehung den Banken. Beide gehören zu den Finanzinstitutionen — die Versicherungen deshalb, weil sie durch die Hereinnahme von Geld in Form von Prämien oder Beiträgen bestimmte Verpflichtungen eingehen, die bei Eintritt eines Schadensfalles oder zu einem vorher festgelegten Datum zu bestimmten Geldzahlungen führen.[132] Wesentliche Versicherungszweige sind die Schadens- und Unfallversicherung, die Lebensversicherung und die Krankenversicherung. Sie umfassen insgesamt rund 1 000 Versicherungsunternehmen. Außerdem gibt es 28 000 kleine Unternehmen zur Vermittlung von Versicherungen. 300 000 Menschen arbeiten im Versicherungsgewerbe und erwirtschaften einen Beitrag zum Bruttoinlandsprodukt in Höhe von 1 %.

2.3.4.3. Gaststätten- und Beherbergungsgewerbe

Obgleich das Gaststätten- und Beherbergungsgewerbe nur 1 % zum Bruttoinlandsprodukt beiträgt, ist es einer der größten Wirtschaftsbereiche. Es umfaßt rund 200 000 Unternehmen mit 750 000 Beschäftigten, der größte Teil davon im Gaststättengewerbe. Die Entwicklung im Gaststätten- und Beherbergungsgewerbe wird wesentlich vom Urlaubs- und Erholungstourismus bestimmt. An Gewicht gewonnen hat aber in letzter Zeit der Kurzzeittourismus über das Wochenende.

Innerhalb der so skizzierten Wirtschaftsstruktur vollzieht sich das wirtschaftliche Handeln. Hiervon ausgehend und hierauf basierend werden wir nun versuchen, den Anteil des Arbeitnehmer-Mittelstandes, des Freiberufler-Mittelstandes und des Unternehmer-Mittelstandes am Wirtschaftsleben zu ermitteln.

---

132 Vgl. Jürgen Eick (Hrsg.), So nutzt man den Wirtschaftsteil einer Tageszeitung, 2. Aufl., Frankfurt (Main) 1971, S. 363.

2.4. Der Anteil des Arbeitnehmer-Mittelstandes am Wirtschaftsleben

Nicht alle Arbeitnehmer gehören zum Mittelstand. Inwieweit das der Fall ist, hängt vom Vorhandensein der Mittelstandskriterien ab, insbesondere hinsichtlich Berufstätigkeit, Lebensstil und persönlicher Selbsteinschätzung. Als Beispiele für mittelständische Berufe lernten wir ausführende Bankangestellte und Buchhalter, Postsekretäre, Inspektoren und Lehrer, Werkmeister und Facharbeiter mit Sonderausbildung kennen (S. 62 ff.). Zu den mittelständischen Arbeitnehmern gehören also im wesentlichen die mittleren Angestellten und Beamten sowie die höchstqualifizierten Arbeiter.

In zwei Richtungen zählen Arbeitnehmer nicht zum Mittelstand. Arbeitnehmer, die leitende Angestellte und Beamte in Spitzenstellungen sind, wie z. B. Vorstandsmitglieder und oberste Richter, zählen zur Oberschicht. Ebensowenig wie sie werden ungelernte und angelernte Arbeiter, teilweise auch untere Angestellte, als Angehörige des Mittelstandes angesehen; diese gehören der Unterschicht an. Inwieweit sie sich selbst dem Mittelstand zuordnen, steht dahin.

Mittelständische Arbeitnehmer können bei nicht-mittelständischen Arbeitgebern beschäftigt sein. Zahlreiche der aus dem Mittelstand kommenden Angestellten und Arbeiter arbeiten in Großunternehmen. Hieraus muß kein Interessengegensatz erwachsen. Vielmehr scheint der Arbeitnehmer-Mittelstand aus seiner Strebsamkeit und Gewissenhaftigkeit heraus ein ausgeprägtes Interesse zu besitzen, die ihm gestellten Aufgaben im Unternehmen gut zu erfüllen, um so Einkommen, Lebensstandard und sozialen Status nicht nur zu halten, sondern womöglich zu verbessern. Er hat also ein doppeltes Interesse — das Interesse an einem guten Funktionieren des Unternehmens und das Eigeninteresse.

Mittelständische Arbeitnehmer sind auch nicht ohne weiteres gleichzusetzen mit den Beschäftigten mittelständischer Unternehmen, denn auch in ihnen kann es Arbeitnehmer geben, die nicht zum Mittelstand gehören.

In welchem zahlenmäßigen Umfang es sich nun bei der Gruppe der Arbeitnehmer um Menschen handelt, die dem Mittelstand zuzurechnen sind, also den Arbeitnehmer-Mittelstand ausmachen, ist aus amtlichen Statistiken nicht direkt ablesbar. Es stellt sich deshalb die Frage, welche der vorhandenen statistischen Angaben als Orientierungsgröße dienen könnte, um dennoch zu einer ausreichenden Abgrenzung des Arbeitnehmer-Mittelstandes zu kommen.

Als eine solche Größe erweist sich das Einkommen. Der persönliche Leistungserfolg ist ja verstärkt zum Fundament der sozialen Einschätzungen geworden. Die soziale Einordnung wird »immer mehr als Unterscheidung nach gesellschaftlichen Funktionen im Sinne der Leistung empfunden und verstanden«.[133]

---

133 M. Ernst Kamp, Wirtschaftliche Struktur und Entwicklung der unselbständigen Mittelschichten in der Bundesrepublik Deutschland. Untersuchungen der Konjunkturabteilung des Instituts für Mittelstandsforschung, H. 1, Bad Godesberg 1960, S. 14.

Da die unterschiedliche Tätigkeitsbewertung in der Marktwirtschaft mit dem Einkommen zum Ausdruck kommt, »übernimmt das Einkommen anstelle der persönlichen Befähigung und Leistung, die als die eigentlichen Gradmesser der gesellschaftlichen Bedeutung der Einzelnen im ökonomischen Leistungssystem der Gesellschaft gelten müssen, in zunehmendem Maße die Rolle eines zentralen Merkmals und eines quantitativen Ausdrucks der sozialen Schichtzugehörigkeit«.[134] Diesen Tatbestand nehmen wir bei der Ermittlung des Arbeitnehmer-Mittelstandes, wenn auch unter Vorbehalten, zu Hilfe. Freilich können die dabei gefundenen Abgrenzungen nur von zeitlich begrenzter Gültigkeit sein, da ja die Einkommensstruktur nicht auf Dauer unverändert bleibt. Außerdem sind wir uns bewußt, damit wieder zu einer eindimensionalen Betrachtungsweise zurückzukehren. Täten wir das jedoch nicht, könnten wir keinerlei quantifizierende Aussagen machen. Diese Möglichkeit halten wir angesichts der Zielsetzung unserer Darstellung für erheblicher als die in Kauf zu nehmenden Mängel der Abgrenzung.

Für die Beamten werden wir keine untere Einkommensgrenze festlegen, sondern auch die unteren von ihnen zum Arbeitnehmer-Mittelstand rechnen. Wir sahen ja, daß sich gerade der kleine Beamte als Repräsentant des Staates empfindet und unabhängig von Tätigkeit, Ausbildung und Einkommen als Beamter sozial höher plaziert. Eine obere Einkommensgrenze, bis zu der Beamte als mittelständisch gelten sollen, ist schwer zu finden. In jedem Fall wird sie oberhalb von 2 500 DM netto pro Monat zu suchen sein. Da aber unser statistisches Material[135] in diesem Einkommensbereich nicht weiter untergliedert ist, müssen wir den Anteil, der nach ›oben‹ hin nicht mehr zum Arbeitnehmer-Mittelstand gehört, ohnehin schätzen. Wir nehmen einen Anteil von etwa 1 % aller Beamten an. Infolgedessen betrachten wir mit 99 % praktisch sämtliche Beamten als zum Mittelstand gehörig.

Von den Angestellten werden unterste Berufsgruppen im wesentlichen nicht zum Mittelstand gerechnet. Das sind beim Staat die Angestellten des einfachen Dienstes und in der privaten Wirtschaft die Angestellten in einfacher Stellung, also ohne Berufsausbildung. Das monatliche Bruttoeinkommen dieser Angestellten lag 1976 bei durchschnittlich etwa 1 500 DM. Netto dürften das rund 1 100 DM gewesen sein. Mit Einkommen bis zu dieser Höhe waren 1976 45 % aller Angestellten[135] ausgestattet, die also dem Mittelstand nicht zuzurechnen sind. Bei der Abgrenzung der dem Mittelstand zugehörigen Angestellten nach ›oben‹ gilt das gleiche wie bei den Beamten. Die Spitzenverdiener kommen auch hier auf mehr als 2 500 DM netto pro Monat, von wo ab die Statistik keine weitere Untergliederung liefert. Den Anteil der höheren leitenden Angestellten an

134 Kamp, a. a. O., S. 15.
135 Vgl. Statistisches Bundesamt Wiesbaden (Hrsg.), Statistisches Jahrbuch 1977, a. a. O., S. 98.

sämtlichen Angestellten schätzen wir ebenfalls auf 1 %. Da hiernach also 45 % plus 1 % Angestellte nicht dem Mittelstand zuzurechnen sind, ergibt sich, daß 54 % der Angestellten dem Arbeitnehmer-Mittelstand angehören.

Von den Arbeitern werden zumindest die Spitzenberufe zum Mittelstand gerechnet. Nach Aussage der amtlichen Statistik hatten Arbeiter in der höchsten Leistungsgruppe 1976 einen Monatslohn von durchschnittlich rund 2 000 DM brutto. Das entspricht einem Nettolohn von etwa 1 500 DM. Löhne in dieser Höhe und darüber bezogen 1976 21 % aller Arbeiter.[135] Dieser Teil, also etwa ein Fünftel aller Arbeiter, ist demnach zum Arbeitnehmer-Mittelstand zu rechnen.[136]

Geht man nun davon aus, daß 99 % von 2,2 Millionen Beamten, 54 % von 9,1 Millionen Angestellten und 21 % von 11 Millionen Arbeitern zum Arbeitnehmer-Mittelstand zählen, so ergibt sich ein Umfang des Arbeitnehmer-Mittelstandes von 9,4 Millionen Menschen (vgl. Abbildung 4). 42 % aller Arbeitnehmer gehören demnach dem Arbeitnehmer-Mittelstand an. Dieser Arbeitnehmer-Mittelstand verteilt sich, wie Tabelle 16 zeigt, auf alle Wirtschaftsbereiche. In Handel und Verkehr (49 %) und in den ›sonstigen‹ Wirtschaftsbereichen (52 %) ist der Anteil überdurchschnittlich hoch. In der Land- und Forstwirtschaft (29 %) und im Produzierenden Gewerbe (33 %) liegt er dagegen unter dem Durchschnittswert.

Diese Zahlen können nur größenordnungsmäßig verstanden werden. Außer wegen des methodischen Vorgehens sind sie auch wegen der Ungewißheit, wie viele der Arbeiter und unteren Angestellten sich selbst noch als zum Mittelstand gehörig ansehen, nicht mehr als Richtwerte. Auf jeden Fall vermitteln sie aber einen groben Überblick über Umfang und Gewicht des Arbeitnehmer-Mittelstandes.

2.5. Der Anteil des Freiberufler-Mittelstandes am Wirtschaftsleben

Freiberufler sind, wie wir sahen, die selbständig Erwerbstätigen
— in den Heilberufen, wie Ärzte, Zahnärzte, Tierärzte, Apotheker, Krankengymnasten, Masseure, Hebammen, Schwestern und Krankenpfleger, Heilpraktiker;

---

136 Die Arbeitsstättenzählung 1970 weist den Anteil der Facharbeiter (»Arbeiter, die aufgrund ihrer Fachkenntnisse und Fähigkeiten mit Arbeiten beschäftigt werden, welche als besonders schwierig oder verantwortungsvoll anzusehen sind«) mit rund 40 % aus [Statistisches Bundesamt Wiesbaden (Hrsg.), Fachserie C, Unternehmen und Arbeitsstätten, Arbeitsstättenzählung vom 27. Mai 1970, Heft 3]. Unter Umständen liegt also der Anteil der mittelständischen Arbeiter höher als 21 %.

Abbildung 4
Der Arbeitnehmer-Mittelstand im Verhältnis zur Gesamtheit der Arbeitnehmer
in der Bundesrepublik Deutschland 1976

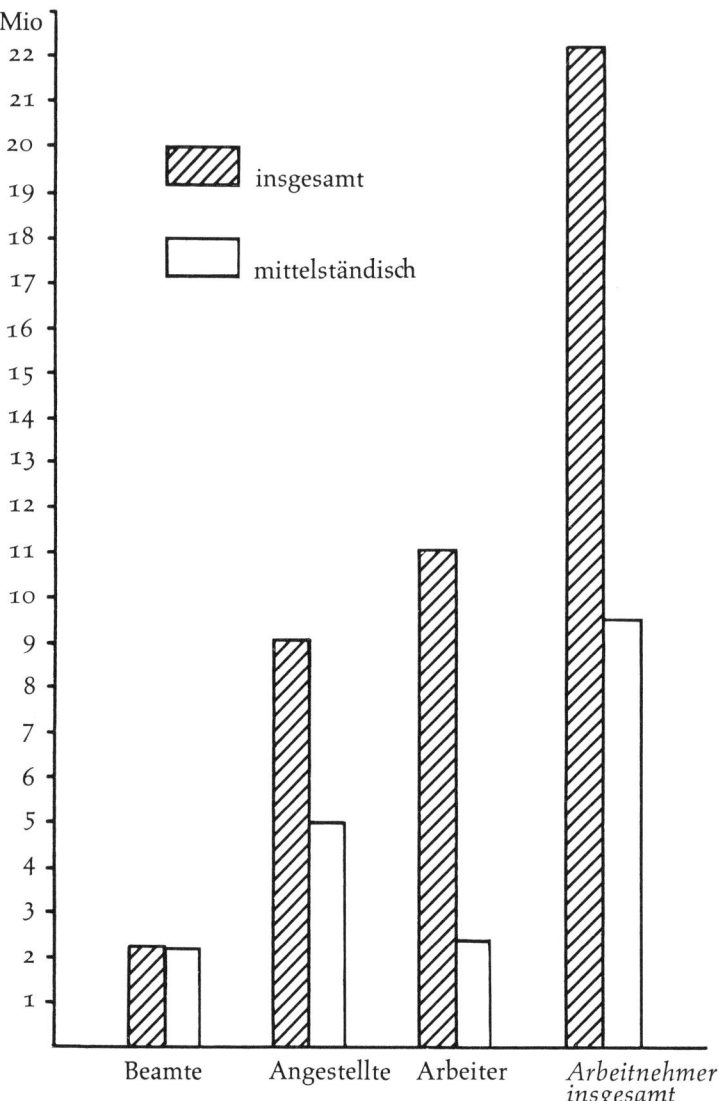

Tabelle 16
Arbeitnehmer-Mittelstand in der Bundesrepublik Deutschland 1976

	Beamte und Angestellte	davon (geschätzt) Beamte	Angestellte	Arbeiter	insgesamt	davon mittelständisch Beamte	Angestellte	Arbeiter	Beamte	Angestellte	Arbeiter	insgesamt	insgesamt
	in Millionen					in %			in Millionen				in %
Land- und Forstwirtschaft	0,04	0,01	0,03	0,20	0,24	99	54	21	0,01	0,02	0,04	0,07	29
Produzierendes Gewerbe	3,23	0,64	2,60	7,81	11,04	99	54	21	0,63	1,40	1,64	3,67	33
Handel und Verkehr	2,65	0,52	2,13	1,28	3,92	99	54	21	0,51	1,15	0,27	1,93	49
Sonstige Wirtschaftsbereiche	5,36	1,04	4,31	1,68	7,04	99	54	21	1,03	2,33	0,35	3,71	52
Insgesamt	11,27	2,21	9,06	10,97	22,23	99	54	21	2,18	4,90	2,30	9,38	42

Quelle: Statistisches Bundesamt und eigene Berechnungen.

— in den Rechts-, wirtschafts- und steuerberatenden Berufen, wie Rechtsanwälte, Notare, Patentanwälte, Wirtschaftsrechtssachverständige, Buchführungssachverständige;
— in den Architektur-, Ingenieur- und technischen Berufen, wie Architekten, Hochbauingenieure und -techniker, Vermessungsingenieure, Chemiker, Vermessungstechniker, Chemotechniker, Gartenbautechniker;
— in den wissenschaftlichen Bildungsberufen, wie Pädagogen, Seelsorger, Dolmetscher, Übersetzer;
— in den künstlerischen und publizistischen Berufen, wie Schriftsteller, Schriftleiter und Lektoren, Bildhauer, Kunstmaler und -zeichner, Graphiker und technische Zeichner, Musiker, Bühnen- und Konzertsänger, Schauspieler, Tänzer, Artisten.[137]

Einen Eindruck von der Spannweite der freien Berufe vermittelt auch ein Blick auf die Mitgliedsverbände des Bundesverbandes der freien Berufe. 1976 waren es 36 Verbände, zu denen neben den großen der Ärzte, Apotheker, Rechtsanwälte, Wirtschaftsprüfer und Architekten auch kleinere für relativ seltene Berufe, wie etwa Betriebs- und Refa-Berater, Dolmetscher, Foto-Designer oder Sachverständige für gerichtliche Schriftuntersuchungen gehörten.

Sozialer Standort der Freiberufler ist heute eindeutig der Mittelstand. Zumindest für einen Teil von ihnen war dies nicht immer so. Die künstlerischen Tätigkeiten der mittelalterlichen Vaganten standen in der Nähe der unehrenhaften Berufe. Erst zum ausgehenden Mittelalter hin und dann im Absolutismus vollzog sich eine Aufwertung des Künstlers.[138]

Wie die Untersuchung von MOORE/KLEINING zeigte, rechnen sich die Freiberufler heute teils der oberen Mittelschicht (Fachärzte, Rechtsanwälte etc.), teils der mittleren Mittelschicht (Krankengymnasten, Hebammen etc.) zu. Diese unterschiedliche Einordnung beruht nicht zuletzt auf den ausgeprägten Einkommensunterschieden innerhalb der freien Berufe. »Neben wenigen Spitzenverdienern, deren Lebenseinkommen dem Einkommen großer Unternehmer vergleichbar ist, gibt es Angehörige von allen freien Berufen, deren Einkommen nahe am Existenzminimum liegt.«[139] Quantifizieren, etwa über die Einkommensstatistik, lassen sich diese Anteile nicht, da die Statistik nur Einkommensgruppen für die Selbständigen insgesamt enthält, gesonderte Angaben für die Freiberuflichen also fehlen. Relativ niedrig liegen die Einkünfte der künstlerisch und publizistisch Tätigen, erheblich niedriger jedenfalls als die etwa der Ärzte.

Unterschiede innerhalb der freien Berufe sahen auch die Mittelstandstheoretiker aus der Zeit vor dem Zweiten Weltkrieg. Anhand ihrer Trennung von ›altem‹

---

137 Vgl. Bolte, Beruf und Gesellschaft, a. a. O., S. 109 (Fußnote).
138 Vgl. Bolte, Beruf und Gesellschaft, a. a. O., S. 109.
139 Deneke, Freie Berufe, a. a. O., Sp. 508.

und ›neuem‹ Mittelstand versuchten sie, die Position der freien Berufe innerhalb des Mittelstandes noch exakter zu lokalisieren.[140] Diese Versuche vergaßen aber, daß wegen der unscharfen Begriffsabgrenzung des Mittelstandes »auch die Einordnung der freien Berufe in diesen Mittelstand entsprechend unbestimmt bleiben muß«.[141]

In jedem Fall war und ist unbestritten, daß die Freiberufler sämtlich, von wenigen Ausnahmen vielleicht abgesehen, trotz mancherlei Abstufungen untereinander zum Mittelstand gehören.

2.6. Der Anteil des Unternehmer-Mittelstandes am Wirtschaftsleben

2.6.1. Der mittelständische Unternehmer

Bevor die Frage nach dem Anteil des Unternehmer-Mittelstandes am Wirtschaftsleben beantwortet werden kann, ist noch etwas näher zu erläutern, wer mittelständischer Unternehmer ist. Wir sahen zwar schon, daß den mittelständischen Unternehmer, entsprechend unserer allgemeinen Mittelstandsdefinition, eine gehobene Berufstätigkeit und ein gehobener Lebensstil auszeichnen (S. 83). Diese Merkmale dringen aber noch nicht zum Wesentlichen vor. Wesensmerkmale des mittelständischen Unternehmers sind:

— er ist Eigentümer einer Personalunternehmung, die seine dauerhafte hauptsächliche Lebensaufgabe sowie Berufs- und Existenzgrundlage darstellt,
— er leitet die Unternehmung selbständig und als Fachmann,
— er nimmt durch persönliche ständige Mitarbeit eine Vielzahl verwaltender und zum Teil ausführender Funktionen wahr,
— er beherrscht, überschaut und überwacht die betrieblichen Vorgänge bis in Einzelheiten und

---

140 So zählten z. B. Oscar Leimgruber, Fritz Marbach und René König die freien Berufe zum ›alten‹, Johannes Wernicke, Theodor Geiger und Emil Lederer sie zum ›neuen‹ Mittelstand. Leo Müffelmann bezeichnete sie als besondere Mittelstandsklasse, Ludwig Daniel Pesl als modernen Mittelstand. Nach Horst Jechts Meinung nehmen sie eine Sonderstellung ein. Diese Sonderstellung ist zu einem gewissen Teil von den freien Berufen selbst kultiviert worden. Lange Zeit rangierten Standesinteressen vor der Gruppenorientierung. »Erst die Entwicklung der letzten Jahre dürfte eine gewisse Änderung herbeigeführt haben. So sehen sich z. B. Ärzte einer umfassenden, überwiegend ideologisch motivierten Kritik ausgesetzt, die sie zwingt, ihr berufliches Wirken kollektiv vor der Öffentlichkeit zu rechtfertigen. Ein weiterer starker Anstoß für die Gruppenorientierung war die Erkenntnis, daß in einer hochdifferenzierten Industriegesellschaft mit ausgeprägten inflationären Tendenzen der individuellen Daseinsvorsorge Grenzen gesetzt sind. Das Gefühl des Angewiesenseins auf die Gesellschaft gab der Gruppensolidarität neue Impulse. Die radikalste Form dieser Hinwendung zur Gruppensolidarität war wohl der Beschluß des Verbandes deutscher Schriftsteller, kollektiv der Industriegewerkschaft Druck und Papier beizutreten« (Mittelschichten heute. Ein Tagungsprotokoll, hrsg. vom Vorstand der Studiengesellschaft für Mittelstandsfragen e. V., München 1974, S. 14).
141 Stieglitz, a. a. O., S. 290.

— er betreibt Leistungswettbewerb, der auf kleindimensionierte Nachfrage ausgerichtet ist.[142]

Ein unselbständiger Unternehmer gilt also nicht als mittelständischer Unternehmer. Geschäftsführer, Vorstände etc. bleiben deshalb außerhalb dieser Betrachtung. Unselbständige Unternehmer können zum Arbeitnehmer-Mittelstand, nicht jedoch zum Unternehmer-Mittelstand gehören.

Für die mittelständische Unternehmung gilt, auch das folgt aus der obigen Definition: Der Eigentümer, eventuell auch eine kleine Eigentümergruppe, leitet sie,
arbeitet mit und trägt das unternehmerische Risiko.[143] Ihr Kristallisationskern
ist der mitarbeitende Inhaber. Durch ihn erhält die Unternehmung ihre Prägung, von seinem Können hängt ihre Entwicklung entscheidend ab. Häufig handelt es sich um ein Familienunternehmen mit all seinen Problemen wie u. a. der
Finanzierung und der Unternehmensführung. Von der Rechtsform her treten
mittelständische Unternehmen überwiegend in Form von Ein- und Mehr-Per-
sonen-Unternehmen, selten in Form von Kapitalgesellschaften auf.

2.6.2. Quantitative Abgrenzungsmerkmale

Auf der Grundlage dieser qualitativen Beschreibung soll nun dargestellt werden, welchen Anteil mittelständische Unternehmer am Wirtschaftsleben haben.
Die amtliche Statistik bietet auch hierbei zunächst kaum Hilfe, denn sie enthält
wenig Ergebnisse, die an qualitativen Mittelstandsmerkmalen anknüpfen.
Zwar werden die Selbständigen in den einzelnen Wirtschaftsbereichen ausge-
wiesen; ob ihnen aber das Unternehmen als hauptsächliche Existenzgrundlage
dient und sie ihr Unternehmen noch bis in Einzelheiten kennen, ist selten er-
sichtlich. Lediglich für die Land- und Forstwirtschaft liegen in dieser Richtung
einige Angaben vor.

Man kann jedoch den Anteil der mittelständischen Unternehmer in groben Umrissen auf dem Umweg über die mittelständischen Unternehmen zu ermitteln
versuchen. Das heißt, wir stellen die Zahl der mittelständischen Unternehmen
fest und nehmen an, daß sie der Zahl mittelständischer Unternehmer entspricht. Natürlich ist diese Annahme deshalb nicht ganz korrekt, da mittelständische Unternehmen nicht immer nur von einem einzelnen Selbständigen, sondern auch von kleinen Eigentümergruppen geführt werden.

Die Feststellung des Anteils mittelständischer Unternehmen ist nun ebenfalls
nur auf einem Umweg möglich. Da qualitative Unternehmensmerkmale von

---

142 Vgl. Gantzel, a. a. O., S. 286.
143 Vgl. Bundesministerium für Wirtschaft (Hrsg.), Mittelstand, Leistung und Wettbewerb (Mittelstandsfibel '76), Bonn 1976, S. 4.

der Statistik kaum erhoben werden, muß man meist auf quantitative Merkmale zurückgreifen, von denen statistisches Material verfügbar ist. Üblicherweise wird die Betriebsgröße als ersatzweises Kriterium für die Kennzeichnung mittelständischer Unternehmen verwendet. Dies ist strenggenommen nicht zulässig, denn die Betriebsgröße ist »nur ein sehr mangelhafter und grober Maßstab«.[144] Klein- und Mittelbetriebe sind keine Mittelstandsbetriebe, »wenn sie auch vielfach mit diesen übereinstimmen werden«.[144] Hinzu kommt, daß Betriebsgrößenangaben zeitgebunden sind. Was heute ein Mittelbetrieb ist, galt vor fünfzig Jahren als Großbetrieb. Dennoch muß aus Mangel an anderen statistisch verfügbaren Merkmalen mit der Unternehmensgröße operiert werden. Gänzlich unberechtigt ist dies im übrigen nicht, da ja auch einige qualitative Merkmale, wie z. B. die Überschaubarkeit des Unternehmens, mit der Unternehmensgröße eng zusammenhängen.

Als quantitative Größenmerkmale werden vorwiegend die Beschäftigtenzahl und der Umsatz gewählt. Hierüber ist das statistische Material umfangreich und gut zugänglich. »Die Beschäftigtenzahl ist dann als annähernd aussagekräftig anzusehen, wenn die Produktion in einer Branche nicht mit sehr unterschiedlichen Verfahren (Handarbeit, Maschinenarbeit) durchgeführt wird . . . Der Umsatz eignet sich vor allem für Handelsunternehmen.«[145]

Die Festlegung des Größenklassenbereiches, innerhalb dessen die mittelständischen Unternehmen sodann eingeordnet werden, entbehrt nicht einer gewissen Willkür. Sie »beruht mehr oder weniger auf der subjektiven Einschätzung hinsichtlich über- bzw. unterdurchschnittlicher Beschäftigtenzahl oder Umsatzhöhe«.[146] Zu berücksichtigen ist dabei, daß in den verschiedenen Wirtschaftsbereichen unterschiedliche Skalen zur Bestimmung der Betriebsgröße anzuwenden sind. Das setzt genaue Branchenkenntnisse voraus. »Beispielsweise führt es mit Sicherheit zu falschen Ergebnissen, wenn in der Industrie und im Handwerk Betriebe bis 50 Beschäftigte gleicherweise als Kleinbetriebe klassifiziert würden.«[147]

Quantitative Merkmale als Ausdruck qualitativer Mittelstandsmerkmale werden im folgenden nur unter Vorbehalt verwendet. Selbst wenn die branchenbedingten Besonderheiten beachtet und von Zeit zu Zeit überprüft werden, was erforderlich, aber nur bis zu einem gewissen Grade möglich ist, läßt dieses

144 Gantzel, a. a. O., S. 288.

145 Wilfried Naujoks, Unternehmensgrößenbezogene Strukturpolitik und gewerblicher Mittelstand. Zur Lage und Entwicklung mittelständischer Unternehmen in der Bundesrepublik Deutschland. Schriften zur Mittelstandsforschung, Nr. 68, Göttingen 1975, S. 32.

146 Albert Mayer, Die Bedeutung von Struktur- und Wachstumseffekten aufgrund konjunktureller Schwankungen für den gewerblichen Mittelstand und eine mittelstandsorientierte Wirtschaftspolitik. Beiträge zur Mittelstandsforschung, H. 7, Göttingen 1975, S. 7.

147 Ralf-Peter Thürbach, Die Entwicklung der Unternehmensgrößen in der Bundesrepublik Deutschland von 1962–1972 (Mittelstandsstatistik). Beiträge zur Mittelstandsforschung, H. 4, Göttingen 1975, Vorwort.

Verfahren keine restlos gesicherte Aussage über den Umfang des unternehmerischen Mittelstandes zu. Unser Versuch, den Anteil des Unternehmer-Mittelstandes am Wirtschaftsleben zu ermitteln, bleibt demzufolge mit einer gewissen Ungenauigkeit behaftet.

2.6.3. Der Anteil des Unternehmer-Mittelstandes im Wirtschaftsbereich Land- und Forstwirtschaft

Wie unsere Unternehmerdefinition auf Seite 81 gezeigt hat, bezieht sich der Unternehmerbegriff auf alle, die über Produktionsfaktoren, also Arbeit, Kapital und Boden, disponieren und unter unternehmerischem Risiko ein bestimmtes Unternehmensziel verfolgen. Auch die Land- und Forstwirte sind demnach Unternehmer. Daß man bei ihren Unternehmen meist von Betrieben spricht, ist hier für unsere Untersuchung unerheblich. Trotz der wissenschaftlichen Trennung werden im Sprachgebrauch Unternehmen und Betrieb meist als gleichbedeutend verwendet. Ohnehin sind im unternehmerischen Mittelstand Unternehmen und Betriebe im allgemeinen identisch.[148]

Um die Jahrhundertwende zählte man alle Bauern mit Betrieben, »die zwischen dem Großgrundbesitz und dem Parzellenbetrieb liegen, das heißt, den Betrieben zwischen 2 und 100 ha«,[149] zum Mittelstand. Hieran kann heute jedoch nicht mehr angeknüpft werden. Denn unter den eine Million landwirtschaftlichen Betrieben sind zahlreiche, die nicht als mittelständisch anzusehen sind.

Von der Gesamtheit der landwirtschaftlichen Betriebe zählen höchstens die 539 000 Haupterwerbsbetriebe zu den mittelständischen. Nur dasjenige Unternehmen kann ja, wie wir sahen, mittelständisch sein, das von einem selbständigen Unternehmer geleitet und als dessen hauptsächliche Berufsgrundlage betrachtet wird. Nach ›oben‹ hin sind aber noch die sehr großen Haupterwerbsbetriebe mit über 100 ha Nutzfläche — etwa 5 000 oder knapp 1 % — nicht mehr als mittelständisch anzusehen. Auf diese Weise stellt sich die Zahl mittelständischer Betriebe in der Landwirtschaft auf 534 000, entsprechend 53 % (vgl. Abbildung 5).

Ähnlich differenzieren muß man in der Forstwirtschaft. Hier gab es 1976 rund 900 Staats-, 15 000 Körperschafts- und 101 000 Privatforsten. Nur die Privatforsten können mittelständische Forstbetriebe sein. Auch hier sind aber wohl die sehr großen mit mehr als 500 ha Nutzfläche — knapp 1 % aller Privatforsten — als nicht mehr mittelständisch abzuziehen. Ebenso können die sehr kleinen Betriebe mit weniger als 1 ha Nutzfläche, die knapp ein Drittel ausmachen,

---

148 Vgl. Bericht über die Lage der Mittelschichten, Bundestags-Drucksache III/2012 vom 13. 7. 1960, S. 7.
149 Müffelmann, a. a. O., S. 67 f.

Abbildung 5
Der Anteil mittelständischer Betriebe in der Land- und Forstwirtschaft

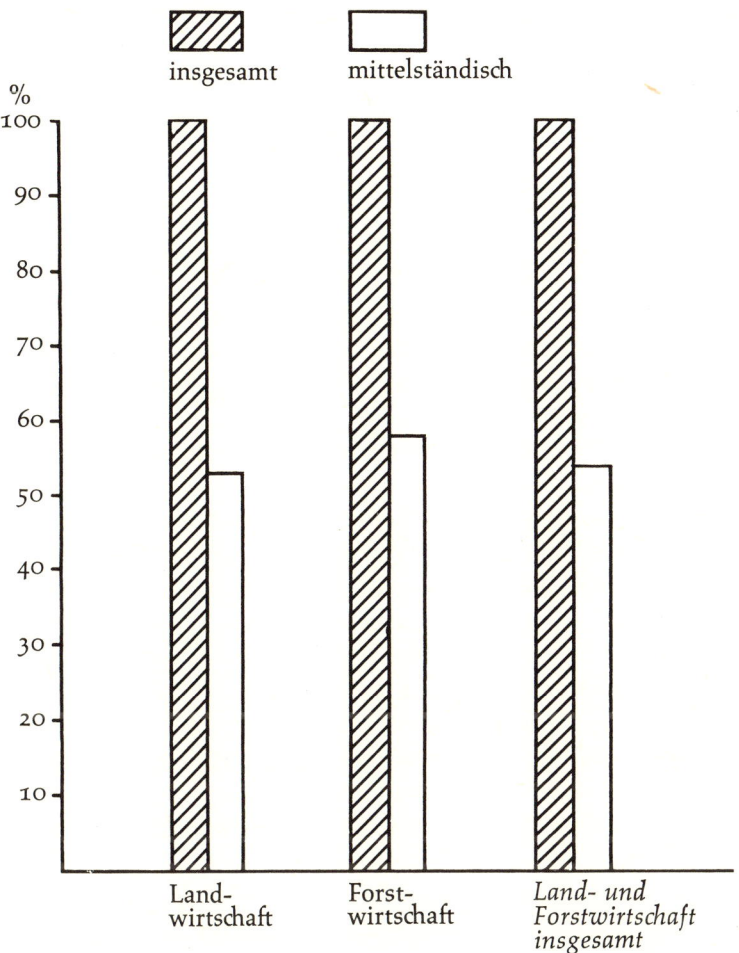

nicht als mittelständisch gelten. Daraus ergibt sich, daß rund 68 000 oder 58 % aller Forstbetriebe mittelständisch sind.

Insgesamt sind also gut 600 000 und damit 54 % aller Agrarbetriebe mittelständisch (vgl. Abbildung 5). Die Zahl der Selbständigen in der Land- und Forstwirtschaft beträgt demgegenüber 615 000. Bis auf einen geringen Prozentsatz sind deshalb wohl im wesentlichen alle selbständigen Land- und Forstwirte als Mittelständler anzusehen, wie dies auch gewöhnlich geschieht.[150]

150 Vgl. Marbach, a. a. O., S. 171 und Bericht über die Lage der Mittelschichten, a. a. O., S. 6.

2.6.4. Der Anteil des Unternehmer-Mittelstandes im Wirtschaftsbereich Produzierendes Gewerbe

2.6.4.1. Quantitative Abgrenzungsmerkmale

Um den Anteil des Unternehmer-Mittelstandes im Wirtschaftsbereich Produzierendes Gewerbe festzustellen, schlagen wir wieder, wie beim Wirtschaftsbereich Land- und Forstwirtschaft, den Umweg über die Unternehmen ein. Wir ermitteln den Anteil der mittelständischen Unternehmen im Wirtschaftsbereich Produzierendes Gewerbe. Das geschieht mit Hilfe der Unternehmensgröße, gemessen am Umsatz und der Zahl der Beschäftigten. An sich wird für die Produktionswirtschaft lediglich die Beschäftigtenzahl empfohlen (siehe S. 101). Aber entsprechende Statistiken stehen nicht für alle Teile des Produzierenden Gewerbes bzw. nicht tief genug gegliedert zur Verfügung. Deshalb muß auch auf Umsatzgrößen zurückgegriffen werden.

Nun besteht keineswegs Einigkeit darüber, wo die Grenze zwischen mittelständischen Unternehmen und Großunternehmen liegt. In der Mittelstandsfibel 1976 des Bundeswirtschaftsministeriums beispielsweise verläuft die Grenze für die Industrie bei 499 Beschäftigten, während für das Handwerk gar keine Grenzen angegeben werden.[151] Im Gesetz gegen Wettbewerbsbeschränkungen werden als Grenze zwischen mittelständischen und Großunternehmen global 50 Mio DM Umsatz genannt.[152] Aus dem Statistischen Jahrbuch können keinerlei Angaben hierzu entnommen werden.

Das Institut für Mittelstandsforschung wählt
— für die Industrie 25 Mio DM Umsatz und 500 Beschäftigte,
— für das Handwerk 2 Mio DM Umsatz und 50 Beschäftigte
als Grenzwerte.[153] Dem schließen wir uns an. Das heißt also, unterhalb dieser Werte liegende Unternehmen sehen wir als mittelständisch an. Da die Berechnungen auf der Grundlage der Umsatzgrößenklassen häufig anders ausfallen als die auf der Grundlage der Beschäftigtengrößenklassen, ergibt sich selten ein eindeutiges Bild über die jeweiligen Mittelstandsanteile. Die folgenden Zahlen sollten daher nicht als absolut verbindlich, sondern eher größenordnungsmäßig verstanden werden.

---

151 Vgl. Bundesministerium für Wirtschaft (Hrsg.), Mittelstand, Leistung und Wettbewerb, a. a. O., S. 5.
152 Vgl. § 24 Abs. 8 Nr. 2 GWB vom 27. Juli 1957 i. d. F. vom 4. April 1974, BGBl 1974, Teil I, S. 896 ff.
153 Vgl. Thürbach, a. a. O., S. 7.

2.6.4.2. *Der Anteil in der Industrie*

2.6.4.2.1. *Der Anteil im Bergbau*

Gemessen an unseren oben genannten Kriterien beträgt der Anteil mittelständischer Bergbauunternehmen 91 %. Bei ihnen erfolgen knapp 3 % der Umsätze, die der Bergbau insgesamt erzielt. Auch von den im Bergbau Beschäftigten entfallen knapp 3 % auf mittelständische Unternehmen.

2.6.4.2.2. *Der Anteil in der Energiewirtschaft*

In der Energiewirtschaft gibt es zwar sehr viele kleine und mittlere Unternehmen. Diese werden aber überwiegend nicht als private, sondern als öffentlich-rechtliche Unternehmen geführt. Sie rechnen daher insoweit nicht zu den mittelständischen. Mittelständische Unternehmen können ja, wie wir auf Seite 99 f. definiert haben, nur solche Unternehmen kleiner und mittlerer Größe sein, die von privaten Inhabern selbst geleitet werden. Dies ist in der Energiewirtschaft nur bei 25 % aller Unternehmen der Fall. Ihr Anteil an den gesamten Umsätzen der Branche und an allen in der Energiewirtschaft Beschäftigten liegt bei 10 %.

2.6.4.2.3. *Der Anteil in der Verarbeitenden Industrie*

2.6.4.2.3.1. *Der Anteil in der Grundstoff- und Produktionsgüterindustrie*

Von den 15 000 Unternehmen der Grundstoff- und Produktionsgüterindustrie sind 95 % Mittelstandsunternehmen. Der auf sie entfallende Umsatzanteil beträgt 15 %, der Beschäftigtenanteil 25 %. Als ausgesprochen mittelständische Branchen gelten
— die Industrie der Steine und Erden,
— die Ziehereien und Kaltwalzwerke,
— die NE-Metallgießerei sowie
— die Holzbearbeitende Industrie.
Eine relativ geringe Rolle spielen mittelständische Unternehmen dagegen unter den Hochofen-, Stahl- und Warmwalzwerken.

2.6.4.2.3.2. Der Anteil in der Investitionsgüterindustrie

In der Investitionsgüterindustrie sind ebenfalls 95 % der Unternehmen mittelständisch. Sie haben einen Anteil an den Umsätzen dieser Industriegruppe von etwa 25 % und beschäftigen rund 30 % aller Erwerbstätigen. Mittelständische Branchen sind vor allem
— der Maschinenbau,
— der Stahl- und Leichtmetallbau,
— die Eisen-, Blech- und Metallwarenindustrie,
— die Stahlverformung,
— die Feinmechanische Industrie und
— die Uhrenindustrie.
Deutlich großindustriell geprägt und ohne wesentlichen Mittelstandsanteil sind dagegen der Straßenfahrzeugbau und der Schiffbau.

2.6.4.2.3.3. Der Anteil in der Verbrauchsgüterindustrie

Mit 98 % liegt der Anteil der mittelständischen Unternehmen in der Verbrauchsgüterindustrie überdurchschnittlich hoch. Ähnlich ist es beim Umsatzanteil, der sich auf etwa 55 % beläuft. Von der Gesamtzahl der in dieser Branche Beschäftigten entfallen rund 60 % auf mittelständische Unternehmen. Hier wird deutlich, daß individuelle Verbraucherwünsche am besten von spezialisierten Mittelstandsunternehmen befriedigt werden können. Insbesondere in
— den Leder-, Textil- und Bekleidungsindustrien,
— der Kunststoffverarbeitenden Industrie,
— der Druckerei- und Vervielfältigungsindustrie sowie in
— den Musikinstrumenten-, Spiel-, Schmuckwaren- und Sportgeräteindustrien
sind mittelständische Unternehmen tonangebend.

2.6.4.2.3.4. Der Anteil in der Nahrungs- und Genußmittelindustrie

Zwar sind wie in den anderen Industriebereichen auch in der Nahrungs- und Genußmittelindustrie rund neun Zehntel kleine und mittlere Unternehmen. Jedoch finden sich unter ihnen, insbesondere in der Milchverwertung, zahlreiche nicht von selbständigen Unternehmern geleitete Institute. Sie zählen im Sinne unserer Untersuchung nicht zu den mittelständischen Unternehmen. Dies berücksichtigend, sind 80 % aller Unternehmen der Nahrungs- und Genußmittelindustrie mittelständisch. Ihr Anteil an den Umsätzen der Branche beträgt um 30 %, der Anteil der bei ihnen Beschäftigten an allen Beschäftigten der Branche

40 %. Die Ernährungsindustrie mit ihren zahlreichen Fachzweigen gilt als ausgesprochen mittelständisch, die Tabakverarbeitende Industrie ist dagegen stärker großindustriell geprägt.

2.6.4.2.3.5. *Zusammenfassung: Der Anteil in der Verarbeitenden Industrie*

Insgesamt besteht die Verarbeitende Industrie zu rund 95 % aus mittelständischen Unternehmen. Bei ihnen erfolgen rund 25 % aller Umsätze der Verarbeitenden Industrie. Von den in der Verarbeitenden Industrie Beschäftigten arbeitet ein Drittel in mittelständischen Unternehmen. Am ausgeprägtesten ist der mittelständische Charakter in der Verbrauchsgüterindustrie.

2.6.4.2.4. *Der Anteil in der Bauindustrie*

97 % der Unternehmen in der Bauindustrie sind mittelständische Unternehmen. Sie erzielen einen Umsatzanteil von gut 50 %. Auch hinsichtlich des Anteils an den Beschäftigten — rund drei Viertel — haben mittelständische Unternehmen der Bauindustrie insgesamt ein stärkeres Gewicht als die Großunternehmen. Die wenigen großen Aktiengesellschaften der Bauindustrie sind also keineswegs repräsentativ für diesen Industriezweig.

2.6.4.2.5. *Zusammenfassung: Der Anteil in der gesamten Industrie*

Insgesamt zählen von allen Industrieunternehmen etwa 92 % zu den mittelständischen. Sie erbringen ein Viertel aller Industrieumsätze. Darüber hinaus ist der industrielle Unternehmer-Mittelstand ein wichtiger Arbeitgeber. Er beschäftigt ein Drittel aller in der Industrie abhängig Erwerbstätigen, also etwa 3 Millionen Menschen. Einen Überblick über diese Anteile und die der einzelnen Industriezweige vermittelt Abbildung 6.

2.6.4.3. *Der Anteil im Produzierenden Handwerk*

Handwerksunternehmen gelten als der Prototyp mittelständischer Unternehmen. Meist werden sie deshalb sämtlich zum Mittelstand gezählt.[154] Hieran ist nichts auszusetzen, solange die ›idealtypischen‹ Merkmale eines Handwerks-

---

154 Z. B. im Bundesministerium für Wirtschaft (Hrsg.), Mittelstand, Leistung und Wettbewerb, a. a. O., S. 5.

Abbildung 6
Anteile mittelständischer Unternehmen an der Zahl der Unternehmen, der Zahl der Beschäftigten und an den Umsätzen in der Industrie

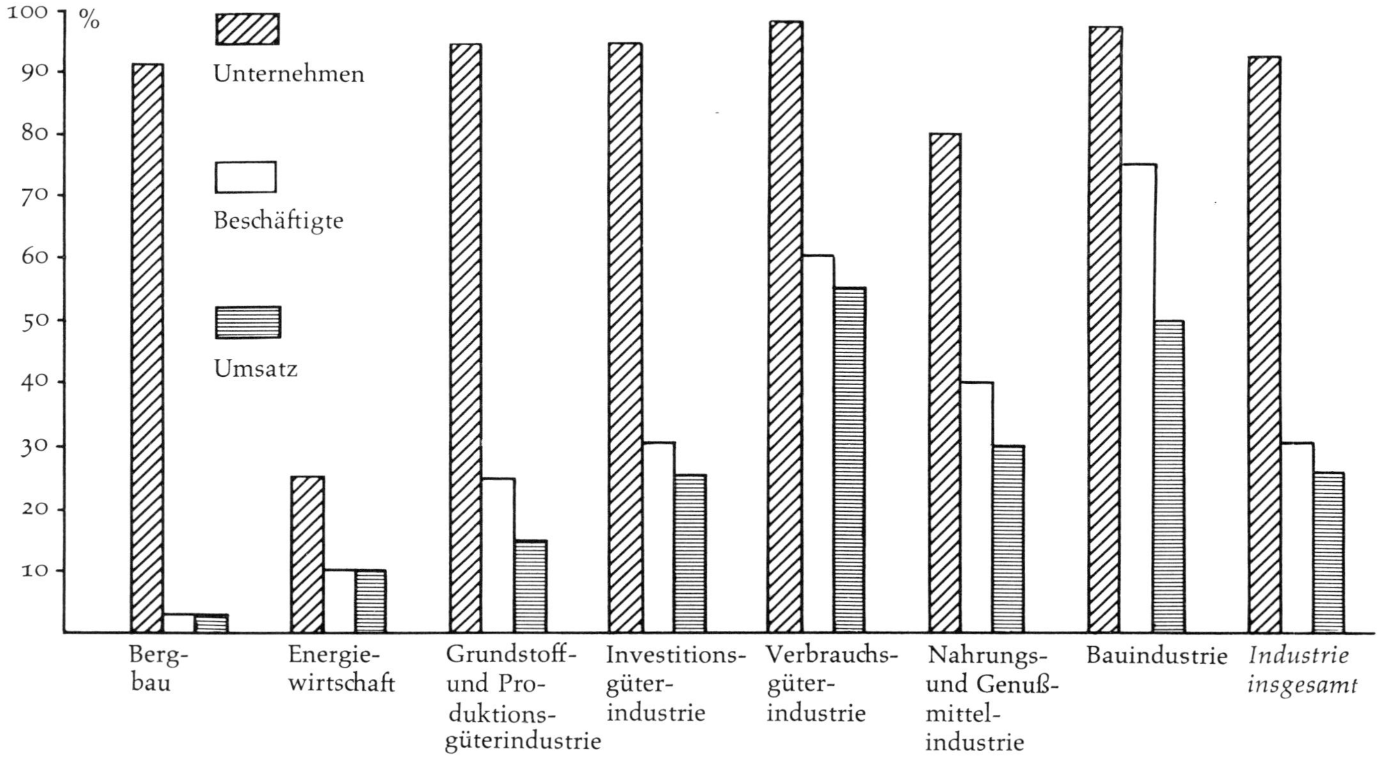

unternehmens im konkreten Fall wirklich erfüllt sind. Denn diese Merkmale,
— Führung des Unternehmens auf eigenes Risiko,
— Prägung des Produktionserfolges durch die individuelle Arbeitsleistung des Inhabers und
— Produktion vorzugsweise für bestimmte Kunden,[155]
entsprechen weitgehend den auf Seite 99 f. festgehaltenen für die mittelständische Unternehmung. Insoweit wäre also ein Handwerksunternehmen immer mittelständisch.

Der leichteren Erfassung wegen zählt die Statistik jedoch alle diejenigen Unternehmen zum Handwerk, die in die Handwerksrolle eingetragen sind. Seit seiner Eintragung kann sich nun aber manches ›idealtypische‹ Handwerksunternehmen vom mittelständischen Charakter entfernt haben, zumal auch im Handwerk die Tendenz zu größeren Unternehmenseinheiten besteht.[156] Daher ist zu prüfen, ob tatsächlich alle Handwerksunternehmen zum Mittelstand gehören.

2.6.4.3.1. *Der Anteil im Verarbeitenden Handwerk*

Gemessen an unserer oben festgelegten Umsatzgrenze sind 97 % aller Unternehmen des Verarbeitenden Handwerks mittelständische Unternehmen. Der auf sie entfallende Anteil an den Umsätzen dieses Handwerkszweiges beträgt rund 65 %. Von den im Verarbeitenden Handwerk Beschäftigten finden sich 75 % in mittelständischen Unternehmen.

2.6.4.3.2. *Der Anteil im Bauhandwerk*

Unter den 150 000 Unternehmen des Bauhandwerks zählen 96 % zu den mittelständischen. Diese mittelständischen Unternehmen erzielen einen Umsatzanteil von rund 60 %. Ebenso wie im Verarbeitenden Handwerk sind auch hier etwa drei Viertel aller Bauhandwerker in mittelständischen Unternehmen beschäftigt.

2.6.4.3.3. *Zusammenfassung: Der Anteil im Produzierenden Handwerk*

Das Produzierende Handwerk insgesamt besteht zu 97 % aus mittelständischen Unternehmen (vgl. Abbildung 7). Anders als in der Industrie, wird auch der

---

155 Vgl. Naujoks, a. a. O., S. 201.
156 Vgl. Naujoks, a. a. O., S. 203.

Abbildung 7
Anteile mittelständischer Unternehmen an der Zahl der Unternehmen, der Zahl der Beschäftigten und an den Umsätzen im Produzierenden Handwerk

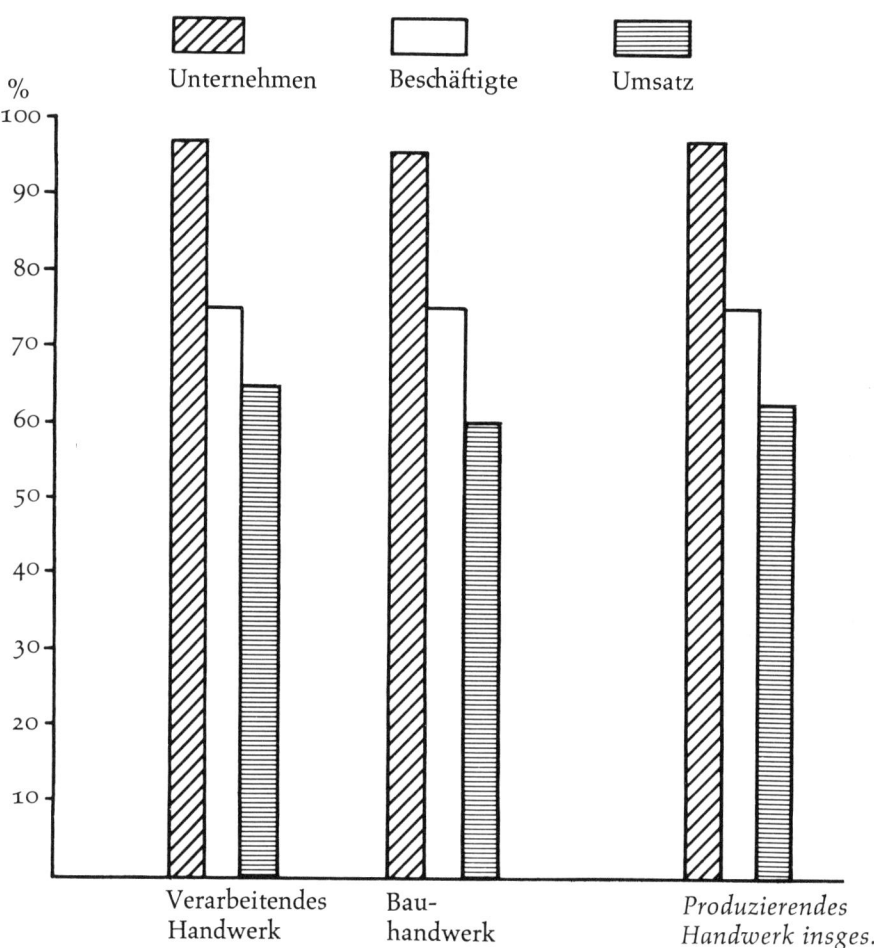

Umsatz überwiegend, und zwar zu mehr als 60%, von ihnen erbracht. Darüber hinaus haben etwa drei Viertel aller im Produzierenden Handwerk Beschäftigten ihren Arbeitsplatz in mittelständischen Unternehmen.

2.6.4.4. *Zusammenfassung: Der Anteil im gesamten Produzierenden Gewerbe*

Wegen des großen Gewichts der Handwerksunternehmen innerhalb des Produzierenden Gewerbes ist auch der Anteil mittelständischer Unternehmen im Produzierenden Gewerbe entsprechend hoch. Er beträgt 96%. Dieser von der

Zahl der Unternehmen her beherrschende mittelständische Bereich erbringt allerdings nicht mehr als ein Drittel aller Umsätze. Wenige Großunternehmen wickeln zwei Drittel aller Umsätze ab. Dies deutet ihre Marktmacht an. Indessen sind auch kleine und mittlere Unternehmen, die sich als Zulieferer so spezialisiert haben, daß sie ganze Branchen mit wichtigen Einzelteilen beliefern, schon zu erheblicher Marktbedeutung gelangt.

Rund die Hälfte aller abhängig Beschäftigten des Produzierenden Gewerbes sind in mittelständischen Unternehmen zu finden. Hieraus ergibt sich, daß auch und gerade hier neben den Großunternehmen die mittelständischen Unternehmen als Arbeitgeber eine bedeutende Rolle spielen.

2.6.5. Der Anteil des Unternehmer-Mittelstandes in den Wirtschaftsbereichen Handel und Verkehr

2.6.5.1. Quantitative Abgrenzungsmerkmale

Trotz mancher Gemeinsamkeiten sind Handel und Verkehr unterschiedlich strukturiert. Daher kann die Abgrenzung zwischen mittelständischen und nicht-mittelständischen Unternehmen nicht anhand einer globalen, sondern nur anhand branchenspezifischer Größen vollzogen werden. Solche Größen finden sich in der schon genannten Veröffentlichung des Instituts für Mittelstandsforschung. Wir greifen wieder auf sie zurück. Als Grenzwerte zwischen mittelständischen und nicht-mittelständischen Unternehmen gelten
— beim Großhandel 50 Mio DM Umsatz und 200 Beschäftigte,
— beim Einzelhandel 10 Mio DM Umsatz und 100 Beschäftigte und
— beim Verkehrsgewerbe 2 Mio DM Umsatz und 50 Beschäftigte.[157]

2.6.5.2. Der Anteil im Handel

2.6.5.2.1. Der Anteil im Großhandel

Von den 115 000 Unternehmen des Großhandels sind gut 98 % mittelständische Unternehmen.[158] Mittelständische Großhandelsunternehmen beschäftigen rund 80 % aller in diesem Zweig des Handels Tätigen. Der Umsatzanteil liegt

---

157 Vgl. Thürbach, a. a. O., S. 7.
158 Die Bundesregierung zieht in ihrem Mittelstandsbericht 1976 die Umsatzgrenze der Mittelstandszugehörigkeit bei 25 Mio DM, wodurch sich ein Anteil von knapp 98 % errechnet (Bericht der Bundesregierung, a. a. O., S. 19).

mit 55 % allerdings deutlich niedriger. Das zeigt die starke Marktstellung der wenigen großen, nicht-mittelständischen Unternehmen.

2.6.5.2.2. Der Anteil im Einzelhandel

Ähnliche Verhältnisse wie im Großhandel finden sich im Einzelhandel. Hier sind 99 % aller Unternehmen mittelständisch. Die wenigen Großunternehmen (Kaufhäuser usw.) haben allerdings beträchtliches Gewicht, so daß der Umsatzanteil der mittelständischen Einzelhandelsunternehmen mit 60 % erheblich niedriger liegt als ihr Anteil an der Zahl der Unternehmen. Das gleiche gilt für ihren Anteil an den in dieser Branche Beschäftigten, der 75 % beträgt.

2.6.5.2.3. Der Anteil in der Handelsvermittlung

Von sehr wenigen Unternehmen, die nicht einmal 1 % ausmachen, abgesehen, sind alle Unternehmen der Handelsvermittlung Mittelstandsunternehmen. In diesen werden nicht nur 90 % der Umsätze getätigt; hier sind auch 99 % aller Erwerbstätigen dieser Branche beschäftigt.

2.6.5.2.4. Zusammenfassung: Der Anteil im Handel

Für den Handel insgesamt läßt sich somit feststellen, daß er bis auf wenige Unternehmen mittelständisch ist. Wie Abbildung 8 zeigt, erfolgen knapp 60 % aller Handelsumsätze bei mittelständischen Unternehmen. Rund 75 % aller im Handel Beschäftigten, also 2,3 Millionen Menschen, gehören zu mittelständischen Unternehmen.

2.6.5.3. Der Anteil im Verkehr

Da Eisenbahnverkehr, Nachrichtenverkehr und Luftverkehr weitgehend im Zeichen großer staatlicher Monopolunternehmen stehen, gibt es hier nur sehr wenige Klein- und Mittelunternehmen. Sie machen weniger als 1 % an der Gesamtzahl der Verkehrsunternehmen aus. Straßenverkehr, Schiffahrt, Spedition und Lagerei mit ihren insgesamt 72 500 Unternehmen sind dagegen eindeutig mittelständisch strukturiert.
Insgesamt ist der Anteil mittelständischer Unternehmen im Verkehrsgewerbe mit 96 % anzusetzen. Dieser breite Mittelstand erzielt jedoch nur 20 % der

Abbildung 8

*Anteile mittelständischer Unternehmen an der Zahl der Unternehmen, der Zahl
der Beschäftigten und an den Umsätzen im Handel*

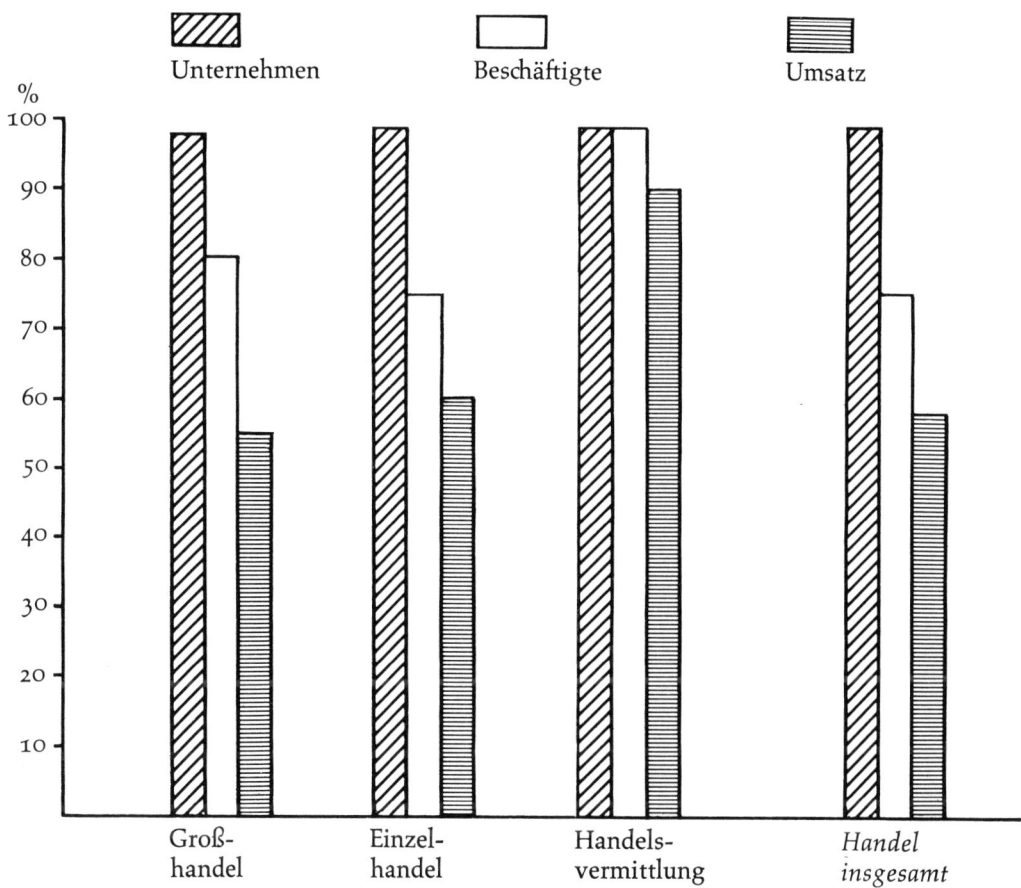

Gesamtumsätze. Auch von den Branchenbeschäftigten entfällt auf mittelständische Unternehmen nur ein Anteil von 20 % (vgl. Abbildung 9). Dies rührt
von dem großen Gewicht her, das Bundesbahn und Bundespost in diesem Wirtschaftsbereich besitzen.

Am deutlichsten mittelständisch ist sowohl von der Unternehmensstruktur
(98 %) als auch vom Umsatzanteil (60 %) her der Straßenverkehr, also der Per-
sonen- und Güterverkehr. Auch die Schiffahrt, insbesondere die Binnenschiff-
fahrt und die Küstenschiffahrt, sowie die Spedition und Lagerei gehören überwiegend zum mittelständischen Bereich, wobei ihnen aber von den wenigen
Großunternehmen, die hier tätig sind, nur geringe Umsatzanteile, nämlich
weniger als 20 %, überlassen werden.

Abbildung 9
Anteile mittelständischer Unternehmen an der Zahl der Unternehmen, der Zahl der Beschäftigten und an den Umsätzen im Verkehrsgewerbe

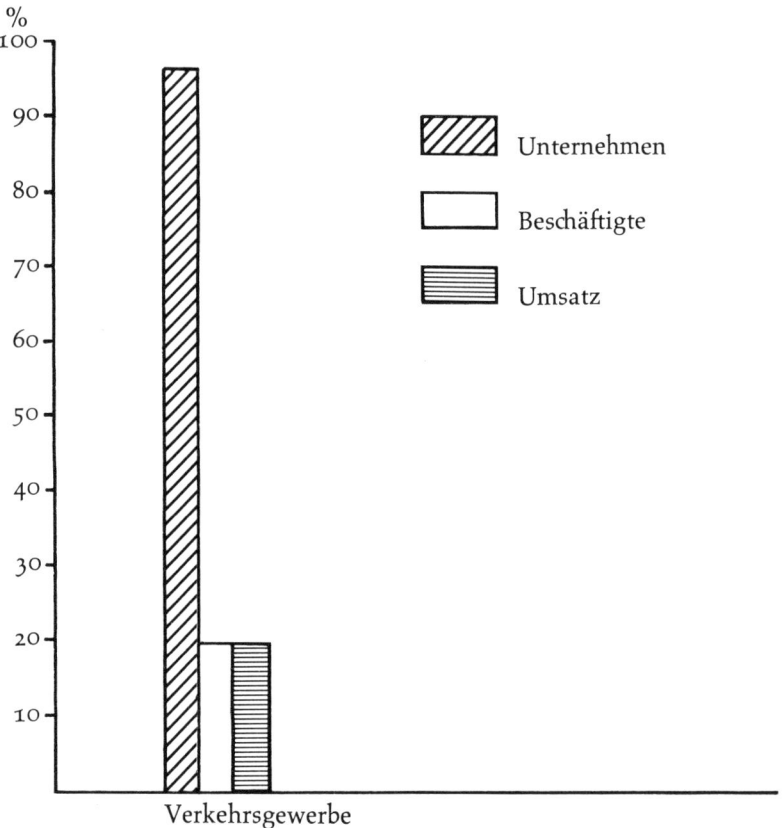

Verkehrsgewerbe

2.6.6. *Der Anteil des Unternehmer-Mittelstandes in den sonstigen Wirtschaftsbereichen*

2.6.6.1. *Quantitative Abgrenzungsmerkmale*

Für die wenig einheitlichen ›sonstigen‹ Wirtschaftsbereiche ist es schwierig, die richtigen Abgrenzungsmerkmale zu definieren. Selten findet man überhaupt welche. Das Institut für Mittelstandsforschung nennt
— 2 Mio DM Umsatz und 50 Beschäftigte.[159]

159 Vgl. Thürbach, a. a. O., S. 7.

Wir übernehmen diese Kriterien und wollen mit ihrer Hilfe den Mittelstandsanteil in den sonstigen Wirtschaftsbereichen ermitteln.

2.6.6.2. Der Anteil im Kreditgewerbe

Die wenigsten der Kreditinstitute sind mittelständisch in dem Sinn, daß ein Bankier als Eigentümer sein Kreditinstitut selbständig und mit allumfassender fachlicher Kenntnis leitet. Die meisten Banken sind nämlich genossenschaftliche, öffentlich-rechtliche oder Kapitalgesellschaften, also Unternehmen ohne selbständige Inhaber.

Da der Leiter einer Genossenschaftsbank nicht selbständiger Eigentümer des von ihm geleiteten Instituts ist, kann er nicht zum Unternehmer-Mittelstand zählen, sein Institut nicht zu den mittelständischen Unternehmen gehören. Die Genossenschaftsbanken nennen sich dennoch Mittelstandsbanken. Sie tun dies deshalb zu Recht, weil die Anteilseigner, die Mitglieder dieser Banken, Angehörige des Mittelstandes, und zwar sowohl des unternehmerischen als auch des freiberuflichen und des Arbeitnehmer-Mittelstandes, sind. Außerdem ist die Kundenzielgruppe der Genossenschaftsbanken der Mittelstand.

Mittelständische Unternehmer des Kreditgewerbes im Sinne unserer Untersuchung sind lediglich die gut 100 Privatbankiers. Ihre Institute machen 2 % aller Kreditinstitute aus und haben einen Anteil an der Bilanzsumme aller Kreditinstitute in gleicher Höhe. Bei ihnen sind knapp 9 000 Menschen beschäftigt.

2.6.6.3. Der Anteil im Versicherungsgewerbe

Von den 1 000 Versicherungsunternehmen weisen 80 % weniger als 50 Beschäftigte auf, wären also, gemessen an unseren quantitativen Mittelstandskriterien, mittelständische Unternehmen. Viele von ihnen haben aber die Form eines Versicherungsvereins auf Gegenseitigkeit. Selbständige, von einer Person als Inhaber geführte, Versicherungsinstitute sind nur etwa 60 %. Nur sie gelten als mittelständische Unternehmen. Betrachtet man das Versicherungsgewerbe insgesamt, also unter Einschluß der Vermittlungsunternehmen, so stellt sich der Anteil mittelständischer Unternehmen auf 99 %. Diese mittelständischen Unternehmen beschäftigen 20 % aller im Versicherungsgewerbe Tätigen.

2.6.6.4. Der Anteil im Gaststätten- und Beherbergungsgewerbe

99 % der 200 000 Unternehmen des Gaststätten- und Beherbergungsgewerbes sind Mittelstandsunternehmen. Sie erzielen zusammen, wie Abbildung 10 zeigt, 85 % der Umsätze dieses Gewerbezweiges und konzentrieren 90 % der Beschäftigten auf sich. Am deutlichsten ist die mittelständische Ausprägung im Gaststättengewerbe (Gast- und Speisewirtschaften), während sich im Beherbergungsgewerbe (Hotels und Gasthöfe) der Einfluß einiger Großunternehmen bemerkbar macht, wenngleich auch hier noch die mittelständischen Unternehmen zwei Drittel der Umsätze und drei Viertel der Beschäftigten auf sich vereinigen.

Abbildung 10
Anteile mittelständischer Unternehmen an der Zahl der Unternehmen, der Zahl der Beschäftigten und an den Umsätzen im Gaststätten- und Beherbergungsgewerbe

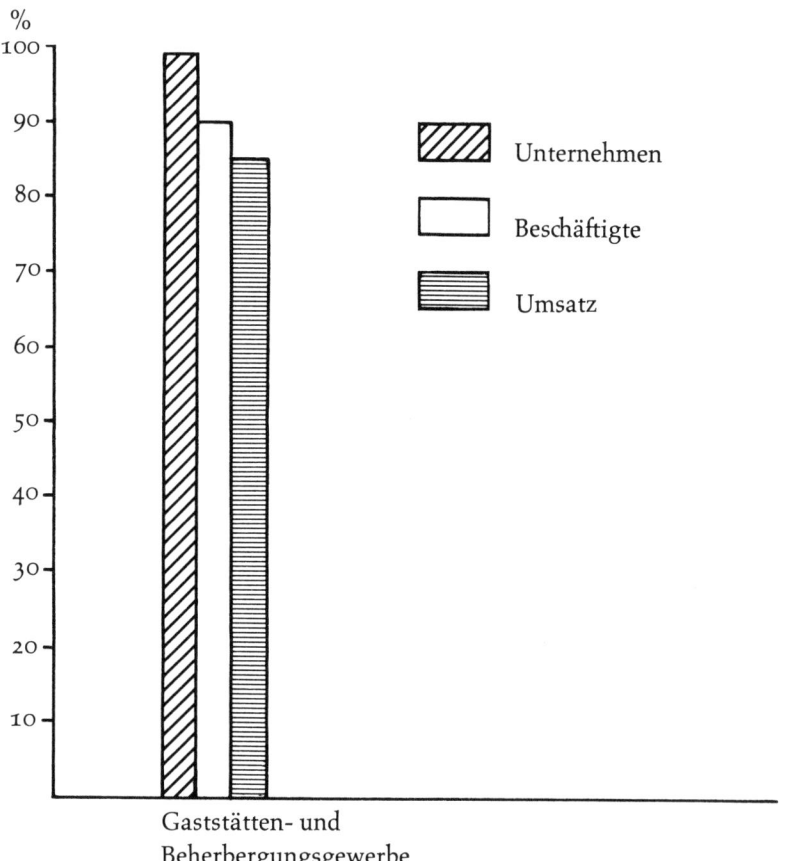

2.6.6.5. Zusammenfassung: Der Anteil in den sonstigen Wirtschaftsbereichen

Von den Wirtschaftsbereichen, die unter den ›sonstigen‹ zusammengefaßt werden, sind das Kreditgewerbe, das Versicherungsgewerbe sowie das Gaststätten- und Beherbergungsgewerbe die bedeutendsten. Bei ihnen ist, das ergab unsere Untersuchung, der mittelständische Charakter verschieden stark ausgeprägt. Nahezu vollständig vom Mittelstand beherrscht wird sowohl von der Zahl der Unternehmen als auch von den Umsatz- und Beschäftigtenanteilen her das Gaststätten- und Beherbergungsgewerbe. Auch das Versicherungsgewerbe, das nur zu einem geringen Teil aus eigentlichen Versicherungen, zum überwiegenden Teil aber aus kleinen Vermittlungsunternehmen besteht, ist deutlich mittelständisch geprägt. Dagegen bleibt der Mittelstandsanteil im Kreditgewerbe gering.

2.6.7. Zusammenfassung: Der Anteil des Unternehmer-Mittelstandes

Bei den von uns eingangs gebildeten Bevölkerungsgruppen Arbeitnehmer-Mittelstand und Freiberufler-Mittelstand war es möglich, relativ direkt festzustellen, welchen Anteil diese Menschen am Wirtschaftsleben haben. Zur Ermittlung des Anteils des Unternehmer-Mittelstandes am Wirtschaftsleben mußte dagegen der Weg über die Unternehmen, und zwar anhand von gesetzten Abgrenzungskriterien, eingeschlagen werden. Die Anzahl mittelständischer Unternehmer wurde indirekt zu ermitteln versucht. Dabei gingen wir davon aus, daß ›hinter‹ den mittelständischen Unternehmen der mittelständische Unternehmer steht.
Fassen wir zusammen, was wir bei der Untersuchung des Unternehmer-Mittelstandes an Erkenntnissen gewonnen haben. Von rund 2,6 Millionen Unternehmen in Land- und Forstwirtschaft, Produzierendem Gewerbe, Handel, Verkehr und sonstigen Wirtschaftsbereichen sind gut 2 Millionen mittelständische Unternehmen (vgl. Tabelle 17). Diese mittelständischen Unternehmen werden von mittelständischen Unternehmern geführt. Die Zahl mittelständischer Unternehmer dürfte sich jedoch nicht auf 2 Millionen beschränken. Da mittelständische Unternehmen auch von Eigentümergruppen geführt werden — in welchem Maße, ist nicht bekannt —, liegt die Zahl mittelständischer Unternehmer in jedem Fall höher. Man kann deshalb wohl davon ausgehen, daß, von wenigen Ausnahmen abgesehen, alle 2,2 Millionen selbständigen Unternehmer zum Unternehmer-Mittelstand zu zählen sind.
Die von ihnen geführten Unternehmen machen knapp 80 % aller Unternehmen aus. Kleine und mittlere Unternehmen, in denen der Eigentümer die Leitung hat, ständig mitarbeitet und in diesem Unternehmen seine Existenzgrundlage

Tabelle 17
Mittelständische Unternehmen in der Bundesrepublik Deutschland 1976 (ohne freie Berufe)

	Unternehmen insgesamt	davon mittelständisch	
	in 1000		in %
Land- und Forstwirtschaft	1 137,5	602,0	53
Landwirtschaft	1 020,6	534,0	52
Forstwirtschaft	116,8	68,0	58
Produzierendes Gewerbe	501,2	479,9	96
Industrie	101,2	93,4	92
– Bergbau	0,2	0,2	91
– Energiewirtschaft	4,0	1,0	25
– Verarbeitende Industrie	90,0	85,4	95
Grundstoff- und Produktionsgüterindustrie	15,0	14,3	95
Investitionsgüterindustrie	28,0	26,6	95
Verbrauchsgüterindustrie	38,0	37,3	98
Nahrungs- und Genußmittelindustrie	9,0	7,2	80
– Bauindustrie	7,0	6,8	97
Produzierendes Handwerk	400,0	386,5	97
– Verarbeitendes Handwerk	250,0	242,5	97
– Bauhandwerk	150,0	144,0	96
Handel und Verkehr	638,0	628,2	98
Handel	565,0	558,2	99
– Großhandel	115,0	112,7	98
– Handelsvermittlung	100,0	99,0	99
– Einzelhandel	350,0	346,5	99
Verkehr	73,0	70,0	96
Sonstige Wirtschaftsbereiche	335,2	326,7	97
darunter:			
Kreditgewerbe	6,2	0,1	2
Versicherungsgewerbe	29,0	28,6	99
– Versicherungen	1,0	0,6	60
– Vermittlung von Versicherungsgeschäften	28,0	28,0	100
Gaststätten- und Beherbergungsgewerbe	200,0	198,0	99
Alle Wirtschaftsbereiche	2 611,9	2 036,8	78

Quelle: Eigene Berechnungen aufgrund von Agrarbericht 1977, Statistisches Jahrbuch 1977, Umsatzsteuerstatistik 1974, Arbeitsstättenzählung 1970 und Monatsberichte der Deutschen Bundesbank.

sieht, herrschen auch heute noch eindeutig vor. Hier arbeiten knapp 60 % aller Arbeitnehmer, das sind rund 13 Millionen Menschen. Mittelstandsunternehmen stellen also das größte Arbeitsplatzreservoir unserer Wirtschaft dar. Hinsichtlich der Umsätze können sie nicht den ersten Rang beanspruchen. Wegen ihrer eher auf kleindimensionierte Nachfrage ausgerichteten Produktions- und Dienstleistungen bleibt ihr Umsatzanteil von 40 % hinter dem der Großunternehmen zurück.

Unsere Untersuchung zeigt auch, daß Land- und Forstwirtschaft, Handwerk, Handel, Verkehrsgewerbe sowie Gaststätten- und Beherbergungsgewerbe am deutlichsten, und zwar nahezu völlig, mittelständisch strukturiert sind. Hier gibt es nur eine relativ kleine Zahl von Großunternehmen, die auch hinsichtlich der Umsatz- und Beschäftigtenanteile hinter der Gruppe der mittelständischen Unternehmen zurückbleiben. Die Industrie besteht, entgegen verbreiteter Ansicht, ebenfalls überwiegend, nämlich zu 92 %, aus mittelständischen Unternehmen. Freilich sind in der Industrie, wo Massenfertigung und großdimensionierte Produkte vorherrschen, Umsätze und Beschäftigte überwiegend auf die nicht-mittelständischen, die Großunternehmen, konzentriert.

Diese sehr globalen Ergebnisse machen den Mangel an ausreichenden statistischen Angaben, aus denen u. a. auch der Anteil des Unternehmer-Mittelstandes am Wirtschaftsleben ablesbar wäre, überdeutlich.

3. Zusammenfassung der Ergebnisse zum Begriff und zur wirtschaftlichen Bedeutung des Mittelstandes

Daß es einen Mittelstand gibt, ist unumstritten. Unklar ist, wer heute dazugehört. Der Begriff, aus einer Zeit vergangener Jahrhunderte stammend, mag zu dieser Unklarheit selbst einiges beigetragen haben. Darüber hinaus aber hat er heute eine viel komplexere Bedeutung als zur Zeit seiner Entstehung.

Erstmals wurde vom Mittelstand als einer gesellschaftlichen Schicht im 17./18. Jahrhundert gesprochen. Während dieser, noch im Zeichen der Ständegesellschaft stehenden, Zeit verstand man darunter das gehobene Bürgertum, das sich aufgrund einer gehobenen Ausformung von Bildung, Einkommen und Lebensstil zusammengehörig fühlte und im wesentlichen die Fabrikanten, freien Berufe und Beamten umfaßte.

Im 19. Jahrhundert, als Liberalismus und Technisierung zu umwälzenden Veränderungen in Wirtschaft und Gesellschaft führten, beanspruchte das Kleinbürgertum, beanspruchten insbesondere Handwerk und Einzelhandel die Bezeichnung ›Mittelstand‹ für sich.

Etwa seit dem Beginn des 20. Jahrhunderts, mit dem starken Anwachsen der Zahl der Angestellten, wurde der Mittelstand dann als Gesellschaftsschicht begriffen, zu der alle Selbständigen und Unselbständigen gehörten, die Gemeinsamkeiten hinsichtlich gehobener Bildung, gehobenem Einkommen und gehobener Lebensführung aufwiesen, und sich weder zu den ›Kapitalisten‹ noch zu den ›Proletariern‹, weder zur Ober- noch zur Unterschicht zählten.

Auch heute stellt der Mittelstand ein Sammelbecken zahlreicher selbständiger und unselbständiger Erwerbstätiger samt ihrer Familien, auch Rentner und Pensionäre, dar. Für ein heterogenes Gebilde solcher Art eine prägnante Definition zu finden, die noch dazu auch für die Wirtschaftspraxis brauchbar ist, hat sich immer wieder als kaum lösbar erwiesen. Man kann allenfalls sagen, daß der Mittelstand einander insbesondere durch gehobene berufliche Tätigkeit und gehobenen Zuschnitt der Lebensführung, auch durch Selbsteinschätzung, näherstehende Menschen oder Menschengruppen umfaßt.

Eine solche Definition, die zwangsläufig an der Oberfläche bleiben und Besonderheiten der einzelnen Mittelstandsgruppen unberücksichtigt lassen muß, ist für die Verwendung im Wirtschaftsleben jedoch ungeeignet. Für diesen Zweck erschien es uns sinnvoll, den Mittelstand in Untergruppen aufzuteilen, in Gruppen, die jeweils ähnliche Interessenmerkmale besitzen: in den Arbeitnehmer-Mittelstand, den Freiberufler-Mittelstand und den Unternehmer-Mittelstand.

Nun wäre für ein besseres Verständnis des Mittelstandes, insbesondere auch für ein Erkennen und Eingehen der Wirtschaftspraxis auf seine Bedürfnisse, eine amtliche Mittelstandsstatistik hilfreich. Mit ihr könnte konkret dargestellt werden, wer zum Mittelstand gehört, welchen Umfang der Mittelstand hat und wie er strukturiert ist. Aber »die deutsche offizielle Statistik liebt die Aufgliederung der Bevölkerung nach sozialen Schichten nicht und die Korrelation der Schichtzugehörigkeit mit anderen Merkmalen noch weniger«.[160] Überlegungen, die seit mehr als zehn Jahren angestellt werden und darauf abzielen, zu ergiebigeren Einsichten im Hinblick auf die tatsächlich gesellschaftlich relevanten Differenzierungen der Bevölkerung zu gelangen, haben bisher trotz mancher Anregungen[161] noch zu keinem greifbaren Ergebnis geführt. Das Definitionsproblem ist auch hier nicht gelöst. Man bleibt deshalb beim Versuch einer Quantifizierung des Mittelstandes auf das Finden eigener Wege angewiesen.

Wir kamen bei unserer Untersuchung zu dem Ergebnis, daß knapp die Hälfte aller Arbeitnehmer zum Arbeitnehmer-Mittelstand zu zählen sind. Ihm gehören die mittleren und unteren Beamten, die mittleren Angestellten und die höchstqualifizierten Arbeiter, insgesamt rund 9,4 Millionen Menschen, an.

Im Gegensatz zu diesem unselbständigen Mittelstand ist der selbständige Mittelstand wesentlich kleiner. Das wird oft verkannt. So gehören zum Freiberufler-Mittelstand insgesamt rund 250 000 Menschen, das sind so gut wie alle freiberuflich Tätigen.

Von den selbständigen Unternehmern aus Land- und Forstwirtschaft, Produzierendem Gewerbe, Handel, Verkehr und den sonstigen Wirtschaftsbereichen bilden knapp 80 %, also rund 2 Millionen, den unternehmerischen Mittelstand.

Innerhalb der im Wirtschaftsleben Tätigen gibt es, das hat sich damit deutlich gezeigt, einen großen Bereich, dem die Bezeichnung ›Mittelstand‹ zukommt. Mit knapp 12 Millionen sind etwa die Hälfte aller Erwerbstätigen — Selbständige und abhängig Beschäftigte — Mittelständler. Ihr Gewicht für das Wirtschaftsleben unseres Landes ist erheblich.

Der Arbeitnehmer-Mittelstand stellt sowohl als Konsument als auch als Sparer eine bedeutende Größe für die Güter- und für die Kreditwirtschaft dar. Ohne die ärztliche, rechtsberatende und sonstige Versorgung durch die freien Berufe fehlte ein wichtiger Teil in der Infrastruktur unseres Landes, und ohne die mittelständischen Unternehmer, die vier Fünftel aller Unternehmen führen, wäre unser Wirtschaftswachstum unmöglich. Welchen Anteil mittelständische Unternehmen und freie Berufe an der Erstellung des Bruttoinlandsproduktes der Bundesrepublik Deutschland haben, veranschaulicht Abbildung 11. Es zeigt sich, daß dieser Anteil nahezu 50 % beträgt.

160 Dahrendorf, Gesellschaft und Demokratie, a. a. O., S. 112.
161 Vgl. z. B. Walter Nellessen — Klaus Nold, Möglichkeiten zur Ausgestaltung der deutschen amtlichen Statistik unter dem Aspekt einer quantitativen Abgrenzung der Mittelschichten. Abhandlungen zur Mittelstandsforschung, Nr. 20, Köln-Opladen 1966.

In diesem Konzert mittelständischer Gruppierungen nimmt das Genossenschaftswesen und damit die genossenschaftliche Bankengruppe eine gewichtige Rolle ein. Sie repräsentiert mehr als 8 Millionen Mitglieder, die durch ihre Mitgliedschaft ihre Zugehörigkeit zum Mittelstand aktiv selbst bekunden. Diesen Mitgliedern und dem noch weit größeren Kundenkreis gegenüber besteht für die Genossenschaftsbanken die Verpflichtung zu ständiger Erhaltung, besser noch: Steigerung der Wettbewerbsfähigkeit inmitten der übrigen Bankengruppen. Dies kann nur durch eine anspruchsgerechte Ausgestaltung des Leistungsangebotes geschehen, durch eine mittelstandsbezogene Bankpolitik. Dieser Thematik wollen wir uns in einer weiteren Veröffentlichung zuwenden.

Abbildung 11
Beiträge mittelständischer Unternehmen und freier Berufe zur Erstellung des Bruttoinlandsproduktes der Bundesrepublik Deutschland 1976

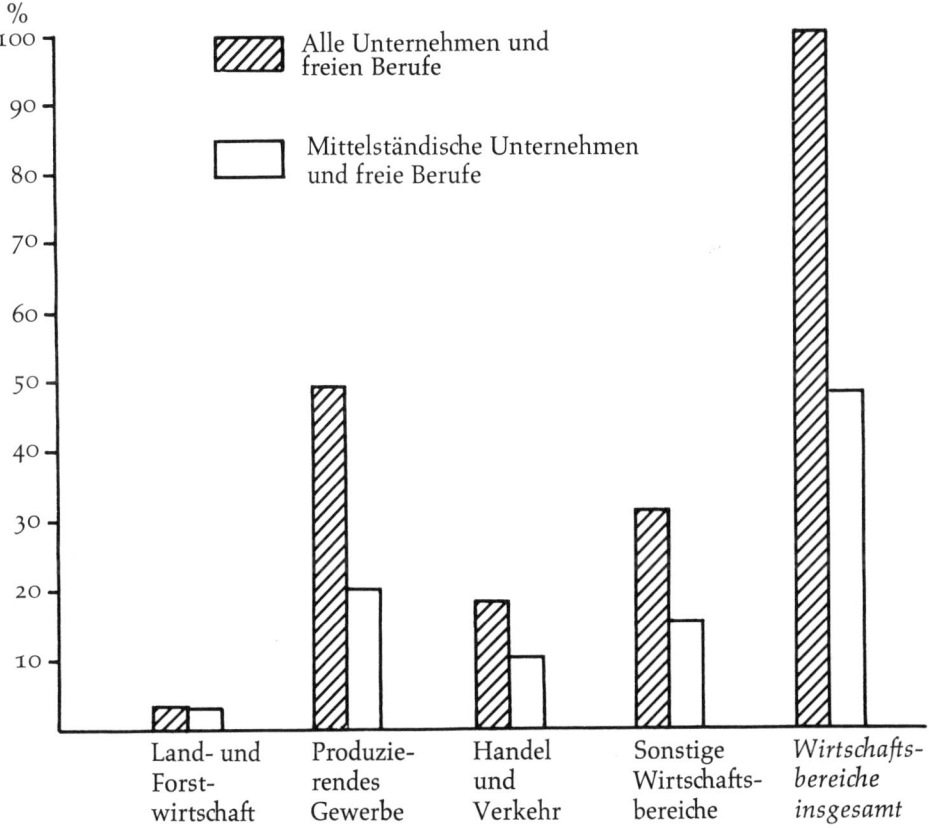

Verzeichnis der Tabellen

Verzeichnis der Abbildungen

Verzeichnis der Textauszüge

Verzeichnis der Übersichten

Literaturverzeichnis

Adenauer, Paul, Mittelständische Investitionsfinanzierung in der Sozialen Marktwirtschaft, Münster 1961.

Agrarbericht 1976. Bundestags-Drucksache 7/4680 vom 5. 2. 1976.

Albrecht, Karl, Dem Mittelstand eine Chance, Frankfurt (Main) 1959.

Bericht der Bundesregierung über Lage und Entwicklung der kleinen und mittleren Unternehmen (Mittelstandsbericht). Bundestags-Drucksache 7/5248 vom 21. 5. 1976.

Bericht über die Lage der Mittelschichten. Bundestags-Drucksache III/2012 vom 13. 7. 1960.

Biermer, Magnus, Mittelstandsbewegung, in: Handwörterbuch der Staatswissenschaften, 2. Supplementband, Jena 1897.

Bolte, Karl Martin, Deutsche Gesellschaft im Wandel, 2. Aufl., Opladen 1967.

Bolte, Karl Martin — Katrin Aschenbrenner — Reinhard Kreckel — Rainer Schultz-Wild, Beruf und Gesellschaft in Deutschland. Berufsstruktur und Berufsprobleme, Opladen 1970.

Bolte, Karl Martin — Dieter Kappe — Friedhelm Neidhardt, Soziale Ungleichheit, 4. Aufl., Opladen 1975

Brusatti, Alois, Wirtschafts- und Sozialgeschichte des industriellen Zeitalters, Graz-Wien-Köln 1967.

Bundesministerium für Wirtschaft (Hrsg.), Mittelstand, Leistung und Wettbewerb (Mittelstandsfibel '76), Bonn 1976.

Claessens, Dieter — Arno Klönne — Armin Tschoepe, Sozialkunde der Bundesrepublik Deutschland, 2. Aufl., Düsseldorf — Köln 1968.

Conze, Werner (Hrsg.), Die preußische Reform, 3. Aufl., Stuttgart 1966.

Croner, Fritz, Soziologie der Angestellten, Köln — Berlin 1962.

DAG, Gesellschaft und Beruf. Angestellte in der Leistungsgesellschaft, Hamburg 1967.

Daheim, Hansjürgen, Die Vorstellungen vom Mittelstand, in: Kölner Zeitschrift für Soziologie und Sozialpsychologie, 12 (1960).

Dahrendorf, Ralf, Gesellschaft und Freiheit, München 1961.

Dahrendorf, Ralf, Gesellschaft und Demokratie in Deutschland, München 1965.

Deneke, J. F. Volrad, Die freien Berufe, Stuttgart 1956.

Deneke, J. F. Volrad, Freie Berufe, in: Staatslexikon, hrsg. von der Görres-Gesellschaft, 3. Bd., 6. Aufl., Freiburg 1959.

Der Mittelstand. Politische Einstellungen und politisches Wahlverhalten zur Bundestagswahl 1976. Eine Untersuchung des Sozialwissenschaftlichen Forschungsinstituts der Konrad-Adenauer-Stiftung, in: Mittelstands-Magazin Nr. 2 (1977).

Die gesamtwirtschaftliche Funktion kleiner und mittlerer Unternehmen, in: Ifo-Schnelldienst Nr. 34 (1975).

Draheim, Georg, Aktuelle Grundsatzprobleme des Genossenschaftswesens, Festvortrag zum 25jährigen Bestehen des Instituts für Genossenschaftswesen an der Philipps-Universität Marburg (Lahn), Marburg 1972.

Eick, Jürgen (Hrsg.), So nutzt man den Wirtschaftsteil einer Tageszeitung, 2. Aufl., Frankfurt (Main) 1971.

Engelsing, Rolf, Kleine Wirtschafts- und Sozialgeschichte Deutschlands, Hannover 1968.

Fürstenberg, Friedrich, Die Sozialstruktur der Bundesrepublik Deutschland, 4. Aufl., Opladen 1975.

von der Gablentz, Otto Heinrich, Mittelstand, in: Handwörterbuch der Sozialwissenschaften, Bd. 7, Stuttgart 1961.

Gantzel, Klaus-Jürgen, Wesen und Begriff der mittelständischen Unternehmung. Abhandlungen zur Mittelstandsforschung, Nr. 4, Köln–Opladen 1962.

Geiger, Theodor, Die soziale Schichtung des deutschen Volkes, Stuttgart 1932.

von Goethe, Johann Wolfgang: Der Bürgergeneral, 9. Auftritt, in: Gesamtausgabe der Werke und Schriften in zweiundzwanzig Bänden, 3. Bd., Stuttgart 1953.

von Goethe, Johann Wolfgang: Deutsche Sprache, in: Gesamtausgabe der Werke und Schriften in zweiundzwanzig Bänden, 15. Bd., Stuttgart o. J.

Grümer, Karl-Wilhelm, Der selbständige und unselbständige Mittelstand in einer westdeutschen Kleinstadt, Köln–Opladen 1970.

Grünberg, Emil, Der Mittelstand in der kapitalistischen Gesellschaft, Leipzig 1932.

Hamel, Iris, Völkischer Verband und nationale Gewerkschaft. Der Deutschnationale Handlungsgehilfen-Verband 1893–1933, Frankfurt (Main) 1967.

Hartfiel, Günter, Gibt es noch einen Mittelstand?, in: Gegenwartskunde 2 (1969).

Haussherr, Hans, Wirtschaftsgeschichte der Neuzeit vom Ende des 14. bis zur Höhe des 19. Jahrhunderts, 3. Aufl., Köln–Graz 1960.

Hegel, Georg Wilhelm Friedrich, Grundlinien der Philosophie des Rechts (1921), § 297, in: Sämtliche Werke, Bd. 12, 4. Aufl., Hamburg 1955.

Huber, Ernst Rudolf (Hrsg.), Dokumente zur deutschen Verfassungsgeschichte, Bd. 1, Stuttgart 1961.

Huber, Franz Carl, Die Rettung des Mittelstandes. Aus den Festgaben für Friedrich Julius Neumann, Tübingen 1905.

Informationen zur politischen Bildung. Das 19. Jahrhundert. Industrialisierung – Soziale Frage (2), Nr. 164 (1975).

Jecht, Horst, Deutsche Wirtschaftsgeschichte seit dem Ausgange des 18. Jahrhunderts, Salzgitter 1949.

Jecht, Horst, Zur Geschichte und Problematik mittelstandsorientierter Steuerpolitik, in: Finanzarchiv, NF Bd. 19 (1958/59).

Kamp, M. Ernst, Wirtschaftliche Struktur und Entwicklung der unselbständigen Mittelschichten in der Bundesrepublik Deutschland. Untersuchungen der Konjunkturabteilung des Instituts für Mittelstandsforschung, H. 1, Bad Godesberg 1960.

Kandler, Günther, Zusammenfassung des sprachwissenschaftlichen Gutachtens über Geschichte und Geltung des Begriffs ›Mittelstand‹ und verwandter Termini, in: Bundestags-Drucksache IV/1475 vom 10. 9. 1963.

Kersig, Hans-Jürgen, Die nivellierte Mittelstandsgesellschaft, Diss., Köln 1961.

Kirsten, Ernst – Ernst Wolfgang Buchholz – Wolfgang Köllmann, Raum und Bevölkerung in der Weltgeschichte, Bd. I und Bd. II, Würzburg 1955/56.

Kluth, Heinz, Gestaltwandel des Mittelstandes, in: Zeitschrift für die gesamte Staatswissenschaft, 113. Bd. (1957).

Koch, Walter A. S., Strukturmerkmale ausgewählter Freier Berufe (Ergebnisse einer empirischen Untersuchung in Schleswig-Holstein). Beiträge zur Mittelstandsforschung, H. 14, Göttingen 1976.

König, René, Soziologie heute, Zürich 1949.

König, René, Probleme der Mittelstandsforschung heute, in: Soziologische Probleme mittelständischer Berufe, 1. Teil, Köln–Opladen 1962.

Krisam, Raymund, Der ›Mittelstand‹ im hochindustrialisierten Wirtschaftsraum, Köln–Opladen 1965.

Lederer, Emil – Jakob Marschak, Der neue Mittelstand, in: Grundriß der Sozialökonomik, IX. Abt., 1. Teil, Tübingen 1926.

Leimgruber, Oscar, Christliche Wirtschaftsordnung und Mittelstand — Ein Beitrag zum Studium der sozialen Frage, Heft 22 ›Volksbildung‹, N. F. der Stimmen aus dem Volksverein, hrsg. von A. Hättenschwiller, Luzern 1923.

Liebermann, Ernst, Über Wesen und Bedeutung der ›Mittleren Schichten‹ in der Gesellschaft, Diss., Köln 1958.

Lütge, Friedrich, Deutsche Sozial- und Wirtschaftsgeschichte, 3. Aufl., Berlin — Heidelberg — New York 1966.

Mann, Golo, Deutsche Geschichte des 19. und 20. Jahrhunderts, 11. Aufl. der Sonderausgabe, Frankfurt (Main) 1976.

Marbach, Fritz, Theorie des Mittelstandes, Bern 1942.

Marx, Karl — Friedrich Engels, Manifest der Kommunistischen Partei, Berlin 1968.

Mayer, Albert, Die Bedeutung von Struktur- und Wachstumseffekten aufgrund konjunktureller Schwankungen für den gewerblichen Mittelstand und eine mittelstandsorientierte Wirtschaftspolitik. Beiträge zur Mittelstandsforschung, H. 7, Göttingen 1975.

Mittelschichten heute. Ein Tagungsprotokoll, hrsg. vom Vorstand der Studiengesellschaft für Mittelstandsfragen e. V., München 1974.

Moore, Harriett — Gerhard Kleining, Das soziale Selbstbild der Gesellschaftsschichten in Deutschland, in: Kölner Zeitschrift für Soziologie und Sozialpsychologie, 12 (1960).

Müffelmann, Leo, Die moderne Mittelstandsbewegung, Leipzig — Berlin 1913.

Naujoks, Wilfried, Unternehmensgrößenbezogene Strukturpolitik und gewerblicher Mittelstand. Zur Lage und Entwicklung mittelständischer Unternehmen in der Bundesrepublik Deutschland. Schriften zur Mittelstandsforschung, Nr. 68, Göttingen 1975.

von Nell-Breuning, Oswald, Mittelstand, in: Staatslexikon, hrsg. von der Görres-Gesellschaft, 5. Bd., 6. Aufl., Freiburg 1960.

Nellessen, Walter — Klaus Nold, Möglichkeiten zur Ausgestaltung der deutschen amtlichen Statistik unter dem Aspekt einer quantitativen Abgrenzung der Mittelschichten. Abhandlungen zur Mittelstandsforschung, Nr. 20, Köln — Opladen 1966.

Noelle-Neumann, Elisabeth, Werden wir alle Proletarier?, in: Die Zeit Nr. 25 und 26 (1975).

Pesch, Heinrich, Lehrbuch der Nationalökonomie, 2. Bd., 2. Aufl., Freiburg 1920.

Pesl, Ludwig Daniel, Mittelstandsfragen (Der gewerbliche und kaufmännische Mittelstand), in: Grundriß der Sozialökonomik, IX. Abt., 1. Teil, Tübingen 1926.

Prager, Max, Die Mittelstandsfrage, Berlin 1904.

Preußisches Allgemeines Landrecht. Ausgewählte öffentlich-rechtliche Vorschriften, hrsg. von Ernst Pappermann, Paderborn 1972.

Retzbach, Anton, Die Förderung des gewerblichen Mittelstandes, in: Soziale Revue, Zeitschrift für die sozialen Fragen der Gegenwart, hrsg. von Anton Retzbach, 7. Jg., Essen 1907.

Scheel, Walter, Aufgaben der Genossenschaften im modernen Industriestaat, in: Bulletin des Presse- und Informationsamts der Bundesregierung, Nr. 119 (1975).

Schelsky, Helmut, Auf der Suche nach Wirklichkeit, Düsseldorf — Köln 1965.

Scheuch, Erwin K., Sozialprestige und soziale Schichtung, in: Soziale Schichtung und soziale Mobilität, Kölner Zeitschrift für Soziologie und Sozialpsychologie, Sonderh. 5 (1961).

von Schmoller, Gustav, Was verstehen wir unter dem Mittelstand?, Göttingen 1897.

Schneider, Hans K., Methoden und Methodenfragen der Volkswirtschaftslehre, in: Kompendium der Volkswirtschaftslehre, Bd. 1, 2. Aufl., Göttingen 1969.

Seraphim, Peter-Heinz, Deutsche Wirtschafts- und Sozialgeschichte. Von der Frühzeit bis zum Ausbruch des Zweiten Weltkrieges, Wiesbaden 1962.

Sombart, Werner, Der moderne Kapitalismus, 2. Bd., 1. Halbbd., München — Leipzig 1928.

Sombart, Werner, Die deutsche Volkswirtschaft im 19. Jahrhundert und im Anfang des 20. Jahrhunderts, 8. Aufl., Stuttgart 1954.

Sonnemann, Theodor, Gestalten und Gedanken, Stuttgart—Hannover 1975.

Sonnemann, Theodor, Die Neue Mitte und die Genossenschaften, Göttingen 1977.

Soziologische Probleme mittelständischer Berufe, 1. Teil, Der Lebensmittel-Einzelhändler. Der Drogist. Der Textil-Ingenieur. Die steuerberatenden Berufe. Abhandlungen zur Mittelstandsforschung, Nr. 1, Köln—Opladen 1962.

Specht, Karl-Gustav — Felix Rexhausen — Gerhard Scherhorn, Zur Lage und Funktion des Mittelstandes, in: Soziale Welt, Jg. 1957.

Statistisches Bundesamt Wiesbaden (Hrsg.), Bevölkerung und Wirtschaft 1872—1972, Stuttgart—Mainz 1972.

Statistisches Bundesamt Wiesbaden (Hrsg.), Statistisches Jahrbuch 1977 für die Bundesrepublik Deutschland, Stuttgart—Mainz 1977.

Statistisches Bundesamt Wiesbaden (Hrsg.), Fachserie C, Unternehmen und Arbeitsstätten, Arbeitsstättenzählung vom 27. Mai 1970, Heft 3.

Stieglitz, Heinrich, Der soziale Auftrag der freien Berufe, Köln—Berlin 1960.

Stolper, Gustav — Karl Häuser — Knut Borchardt, Deutsche Wirtschaft seit 1870, Tübingen 1964.

Suchsland, Emil, in: Deutsche Hochwacht, Nr. 175, Stettin 1905.

Tegtmeyer, Heinrich, Die soziale Schichtung der Erwerbstätigen in der Bundesrepublik Deutschland, in: Zeitschrift für Bevölkerungswissenschaft, H. 1 (1976).

Thürbach, Ralf-Peter, Die Entwicklung der Unternehmensgrößen in der Bundesrepublik Deutschland von 1962 bis 1972 (Mittelstandsstatistik). Beiträge zur Mittelstandsforschung, H. 4, Göttingen 1975.

Utz, Arthur Fridolin (Hrsg.), Der Mittelstand in der Wirtschaftsordnung heute, Heidelberg—Löwen 1957.

Wendt, Herbert, Eine Chance für moderne Genossenschaften, in: Mitgliedertagung des Deutschen Raiffeisenverbandes vom 1. bis 3. Juni 1970 in Kiel, Verhandlungsbericht.

Wernicke, Johannes, Der Mittelstand und seine wirtschaftliche Lage, Leipzig 1909.

Wernicke, Johannes, Kapitalismus und Mittelstandspolitik, 2. Aufl., Jena 1922.

Winkler, Heinrich August, Mittelstand, Demokratie und Nationalsozialismus, Köln 1972.

Wirtschaftlicher und sozialer Wandel in der Bundesrepublik Deutschland. Gutachten der Kommission für wirtschaftlichen und sozialen Wandel, Göttingen 1977.

Personenverzeichnis

Sachverzeichnis

Bisher erschienen in der Schriftenreihe

Veröffentlichungen der
DG BANK Deutsche Genossenschaftsbank

FRITZ KNAPP VERLAG · FRANKFURT AM MAIN